Fernand MAZEROLLE

JETONS

DE

LA MAISON DU ROI

Extrait de l'*Annuaire de la Société française de numismatique,*
année 1888.

MACON

IMPRIMERIE TYP. ET LITH. PROTAT FRÈRES

1888

JETONS

DE LA MAISON DU ROI

Nous n'avons pu réunir ici qu'une partie des jetons relatifs aux services de la Maison du Roi[1]. Notre travail, malgré ses nombreuses lacunes[2], est le premier qui ait été fait sur une branche aussi importante de l'administration de l'ancienne France. Aussi réclamons-nous toute l'indulgence des lecteurs de *l'Annuaire;* les priant d'avoir égard aux recherches très minutieuses que nous avons dû faire dans plusieurs collections publiques et privées[3].

Afin de pouvoir faire connaître tout ce que nous avons pu réunir sur notre sujet, c'est-à-dire plus de 400 pièces, nous avons été forcé d'abréger les descriptions des jetons de la Chambre aux Deniers et des Bâtiments du Roi, et de nous contenter de décrire sommairement les revers. Les droits ne présentent du reste qu'un intérêt fort médiocre; en général, l'effigie royale, l'écusson aux armes de France ou les écussons aux armes de France et de Navarre occupent le champ et sont accompagnés de la légende

---

1. Nous n'avons compris dans cet article, pour les jetons particuliers, que ceux qui portent dans leurs légendes une mention d'un office de la Maison du Roi ou dans le champ un insigne d'un de ces services.

2. Les documents de fabrication que nous avons cités nous mentionnent quelques jetons qui nous sont restés inconnus. Ces documents sont tirés des Archives de la Cour des Monnaies dont nous faisons actuellement dépouillement.

3. Nous tenons à remercier M. Richard de l'amabilité avec laquelle il nous fait connaître ses belles suites de jetons; un grand nombre de pièces, citées ici, sont décrites d'après les exemplaires de sa collection. Grâce aux communications de M. Serrure et de M. Préau, nous avons pu compléter certaines séries.

royale ou d'une inscription mentionnant le service pour lequel le jeton a été frappé.

Nous avons donné quelques listes d'officiers de la Maison du Roi, afin de permettre aux collectionneurs de compléter les différentes suites de jetons particuliers [1].

Il nous a paru inutile de blasonner dans notre texte les pièces armoriées. On n'aura qu'à se rapporter à l'armorial dont nous avons fait suivre notre travail.

Les jetons étant ordinairement frappés en argent et en cuivre avec les mêmes coins, toute indication de métal aurait été superflue.

Pendant toute la période qui s'étend du xie au xiiie siècle, le roi était un véritable seigneur, vivant comme tout grand propriétaire féodal, des revenus de son domaine.

Hôtel du Roi. — L'Hôtel du Roi était encore, comme autrefois le *palatium* des rois mérovingiens, le centre de l'administration.

Dans la seconde moitié du xiiie siècle, on voit commencer la séparation des pouvoirs; c'est alors que les services administratifs et financiers se constituent; l'Hôtel, qui en avait été l'origine, en demeure encore le centre; mais, vers la fin du xive siècle, par suite de l'organisation nouvelle de l'administration, l'Hôtel n'est plus qu'un service de la Maison du Roi. Celle-ci comprend un certain nombre de divisions, à la tête de chacune desquelles est placé un Grand Officier de la couronne, choisi le plus ordinairement parmi les princes et les membres de la plus haute noblesse. Il en fut ainsi jusqu'au xviie siècle, époque à

---

1. Ces listes sont en général établies d'après celles du Père d'Anselme ou celles citées par M. Ed. de Barthélemy dans son ouvrage sur *la Noblesse en France avant et depuis 1789*. Certaines nous ont été données par un de nos collègues de l'Ecole des Chartes.

laquelle, la plupart de ces Grands Officiers virent leur autorité diminuer et leurs fonctions effectives passer entre les mains d'agents subalternes qui ne dépendaient d'eux que pour la forme. On établit alors des administrations particulières qui sont de véritables démembrements des anciens offices de l'Hôtel.

ANCIENS OFFICES. — Ces anciens offices, qui nous sont connus par les ordonnances de 1261 et 1316, étaient les suivants : *Panneterie, Echansonnerie, Cuisine, Fruiterie, Ecurie, Fourrière.* A la suite de ces offices, se trouvaient les *Chapelains* et les *Clercs de la Chapelle*, les *Aumôniers*, les *Clercs du Conseil*, les *Physiciens* (Médecins) et les *Surgiens* (Chirurgiens).

CHAMBRE AUX DENIERS. — Le Maître de la Chambre aux Deniers était chargé de l'administration financière de l'Hôtel. C'est lui qui faisait la recette et les dépenses. Il rendait ses comptes à Noël. La Chambre aux Deniers existait dès les temps de Philippe-le-Bel. Il n'y eut d'abord à la tête de ce service qu'un seul officier; l'on en créa un autre, le *Contrôleur*, qui devait vérifier les dépenses de l'Hôtel. En 1661, les quatre charges de Maîtres de la Chambre aux Deniers, alors existantes, celles d'ancien, d'alternatif, de triennal et de quatriennal, furent réunies en deux autres charges, d'ancien et d'alternatif.

En 1718 et 1719, Pierre Gruyn exerça seul l'office de Maître de la Chambre aux Deniers; trois offices furent rétablis par édit du roi en 1719.

Lorsque le dauphin atteignait l'âge de sept ans, ces officiers entraient à son service, les revenus de leurs charges se trouvaient alors augmentés de moitié.

Les dépenses de l'Hôtel étaient réparties, du XIIIe au XVIe siècle, en six classes ou *grossae*. La *prima grossa* comprenait les Dépens des journées. On appelait ainsi le compte fait dans les premiers jours de chaque mois, des dépenses de bouche du mois précédent. La *secunda grossa* comprenait les gages des chevaliers, des clercs, des gens de l'Hôtel, les pensions, etc. La *tertia grossa* comprenait les achats de toute espèce faits pour les besoins de l'Hôtel, les frais de messages, les dîmes de pain et de vin dues à certaines personnes. La *quarta grossa* comprenait les six offices, ou Mestiers de l'Hôtel cités ci-dessus. La *quinta grossa* comprenait la Chambre du Roi, la Chapelle, la Chambre aux Deniers, le querre-denier. La *sexta grossa* comprenait les dons, les aumônes et les gages des gens de guerre. Les divers services, qui furent formés à la suite du démembrement des anciens offices, sont au nombre de sept.

1° GRANDS OFFICIERS. — On désignait sous le nom de grands officiers : le *Grand Aumônier* ; le *Grand Maître de l'Hôtel*, chargé de la surveillance des palais et des châteaux et du service de la table royale, commandant aux Maîtres d'hôtel ; le *Grand Chambellan*, tenant registre des cérémonies de la Cour et des présentations, et dirigeant la *Comédie Française* et la *Comédie Italienne*[1].

Il avait sous ses ordres le *Premier Chambellan*, les *Chambellans Ordinaires*, les *Premiers Gentilshommes de la Chambre*, les *Premiers Valets de Chambre*, les *Pages de la Chambre*, les *Huissiers de la Chambre*, les *Tapissiers*, les *Peintres*, les *Médecins*, les *Violons de la Chambre*, les *Paumiers*, etc.

Le *Grand Ecuyer*, chef de la grande écurie, ayant sous ses ordres le premier écuyer chargé de la petite écurie et les pages attachés à ce service[2].

---

1. Cet office est la réunion de deux charges distinctes jusqu'au xvie siècle, celle de Chambellan et celle de Chambrier.

2. Ce fut sous Henri IV que le Grand Ecuyer fut mis au nombre des Grands Officiers de la couronne.

Le *Grand Veneur*, directeur des chasses royales, sous les ordres duquel se trouvait le *Grand Louvetier*.

Le *Grand Maître des Cérémonies*, introducteur des ambassadeurs et ordonnateur des cérémonies extérieures.

2° BATIMENTS DU ROI. — Le *Surintendant* ou *Directeur Général des Bâtiments de la Couronne* était un véritable ministre des beaux-arts ; il présidait à la construction et à l'entretien des palais et châteaux royaux ; il surveillait l'acquisition des terrains, l'achat et la conservation des tableaux et des statues, il dirigeait les académies de peinture et d'architecture, l'Ecole de Rome, les expositions, les manufactures des Gobelins, de la Savonnerie et de Beauvais ; enfin, il distribuait les pensions.

3° ARGENTERIE. — Le troisième service comprenait l'Argenterie, les *Menus Plaisirs* et les *Affaires de la Chambre* et la *Garde robe ;* il était mis sous la direction des Premiers Gentilshommes de la Chambre. L'*Argentier*, dont l'institution est assez ancienne, devait tenir la Maison du Roi pourvue de tout ce qui était nécessaire pour l'ameublement et l'habillement du Roi et de ses officiers. L'on entendait par *garnison de l'argenterie*, les étoffes, fourrures, meubles déposés chez l'Argentier pour les besoins de son office. Le roi avait pour ses services un Secrétaire particulier, ou *Secrétaire de la Chambre*.

4° GARDE-MEUBLE. — C'était au Garde-Meuble que revenait autrefois, comme aujourd'hui, le soin de conserver le mobilier royal. On y exposait aussi les objets précieux de la couronne.

5° MAISON MILITAIRE. — La Maison Militaire se composait de troupes de pied : *Gardes-Françaises, Suisses, Gardes de la Porte*, et de troupes à cheval : *Gardes du Corps* et *Gendarmes*.

6° Prévoté de l'Hôtel. — Le Grand Prévôt, chef de la Prévôté de l'Hôtel était chargé de la police partout où se trouvait le roi ; il avait le droit de juridiction civile et criminelle sur tous les officiers de la cour.

7° Maison de la Reine. — La Maison de la Reine, comme celle des enfants de France, formait des services particuliers ; il en était de même dans ses comptes : l'Argenterie de la Reine était distincte de celle du Roi[1].

La *Trésorerie Générale de la Maison* était chargée de toutes les dépenses générales. C'est une institution assez récente.

ANCIENS OFFICES.

Dans le Registre des Comptes de l'Hôtel (1450-1461) déposé aux Archives Nationales[2] se trouvent, pour chaque semestre, les mentions d'achats de jetons pour servir aux six Anciens Offices. Comme le nom du graveur et le type de ces pièces n'y sont pas indiqués, ces jetons pourraient bien être des jetons banaux fabriqués par quelque industriel de l'époque.

Nous donnons les plus anciennes de ces mentions comme exemple.

Panneterie. — A Martin Belleteau et ses compaignons clers de Panneterie, pour ung papier neuf XII s. VI d. ts., *ung cent de gectons, V s. ts.*, deux douzaines et demie de parchemin, C. s. ts., ung bureau, XV s. ts., ung escriptoire, XXX s. ts. ; tout achecté par eulx pour enregistrer, transcripre et gecter les parties du dict office en ce présent terme, contenant VI mois pour tout, VIII l. II S, VI d. ts., à lui paiée et par quictance cy rendue.

Echançonnerie. — Guillaume Pillais et ses compagnons clers d'Eschançonnerie pour ung papier neuf XII s. VI d. ts.. *ung cent de gectons, V. s. ts.*, etc. (comme ci-dessus).

---

1. Les comptes de la Reine n'étaient répartis qu'en trois grosses.

2. KK. 22. Voir dans l'*Histoire du Jeton*, p. 65, la mention de quelques autres documents relatifs aux jetons des anciens offices et de la Chambre aux Deniers.

Cuisine. — Henry Castel et ses compaignons clers de Cuisine, pour un papier neuf, XII s. VI d. ts. *ung cent de gectons, V s. ts.*, etc.

Fruiterie. — Le dit Henry Castel et ses compaignons clers de Fruicterie, pour ung papier neuf XII s. VI d. ts. ; *ung cent de gectons V s. ts.*, etc.

Ecurie. — Martin Bulecteau et ses compaignons clers d'escuierie, pour ung papier neuf, XII s. VI d. ts., *ung cent de gectons, V. s. ts.*, etc.

Fourrière. — Guillaume Pillois et ses compaignons clers de Fourière pour ung papier neuf XII s. VI d. ts., *un cent de gectons, V. s. ts.*, etc.

Deux documents du xvie siècle nous mentionnent des jetons des offices de la Maison du roy, qui nous sont inconnus :

Aujourd'huy XVe jour de février M V^c XXVIII (1529. n. s.) a esté permis et octroyé à Claude le May, tailleur de la monnoye de Paris de povoir graver une pille et ung trousseau : la pille aux armes du Roy : deux F aux deux costez et au trousseau trois croix et une estoille. Pour sur iceulx faire des gectons pour Jacques de Seure clerc d'office de l'ostel du Roy.

Aujourd'huy V^e jour de novembre au dict an (1529) a esté permis et octroyé à Claude le May, tailleur de la monnoye de Paris de faire monnoyer cinquante gectons d'argent du poix d'un marc, la pille aux armes de l'ordinaire de la maison du Roy et le trousseau aux armes de Nicolas Berthereau, clerc des offices du dict seigneur.

Nous ne connaissons aucun jeton attribuable à la panneterie et à la fruiterie; mais on peut classer aux quatre autres offices un certain nombre de pièces dont nous allons parler.

Echansonnerie.

·LVD·XIIII·VERE·MAGNO·FR·REGI·VOTA·VOVVNT. — Tête laurée du roi à droite; au dessous, en trois lignes :

XXV·MERI·REGII·GANIMEDES. 1650. ℟. IN·VIA·VITIS·
VERITAS·ET·VITA. Dans un cartouche : EMMAVS. — Le
Christ accompagné des deux pèlerins d'Emmaüs. (V. pl.
II, n° 3.)

Le jeton suivant se trouve dans la collection de feu
M. d'Affry de la Monnoye[1].

(XVIe siècle). IAQVES·DV·MOVLIN·ESCHANCON·DVROY.
— Ecusson armoirié. ℟. IAQVES·DV·MOVLIN·SEIGNEVR
·DE·BRIS. — Monogramme.

Cuisine.

On peut attribuer au service de la cuisine quelques
jetons ayant, comme type principal, un poisson (v. pl.
II, n° 2), une écrevisse, etc.

MM. Rouyer et Hucher citent dans leur *Histoire du
jeton* (p. 71) une curieuse pièce qu'ils classent à cet
office. D'un côté se voit un chaudron, et au revers une
fleur de lis. Nous empruntons aux mêmes auteurs la
description suivante :

+ IETOIRS·PIERRE·DEM. — Croix fleurdelisée dans
un entourage de quatre arcs de cercle aboutés. — ℟. ATE
·PR·QVEVS·LE·ROI·l(ehan). — Marmite.

Écurie.

Le râteau est le symbole de l'écurie. Il accompagne des
types assez variés. Tantôt on voit au droit des jetons de
cet office : une fleur de lis, des trèfles, une tête royale de
face; tantôt des animaux tels qu'un singe, un lion, un
léopard, un cheval, etc.

Nous citerons comme exemple le n° 15 (p. 73) de
l'*Histoire du jeton* :

---

1. Cette collection est actuellement déposée au Musée de Cluny ; nous
avons été chargé d'en faire le catalogue.

COVTES·POUR·LE·ROY. — Cheval bridé et sellé.
℞. Râteau entre deux fleurs de lis.

Nous ferons remarquer qu'il ne faut pas considérer le râteau comme l'attribut exclusif de l'écurie; car nous croyons qu'il serait difficile de classer à l'écurie les deux jetons anépigraphes suivants dont le premier semble appartenir soit au service des Bergeries du Roi[1], soit à la Cuisine, et le second à la Vénerie.

1. Fleur de lis. ℞. Bélier derrière lequel se trouve un râteau.

2. Lapin surmonté d'une molette. ℞. Râteau surmonté d'une molette et flanqué de deux fleurs de lis.

Fourrière.

Le jeton suivant existait autrefois dans la collection Duleau :

IE·SVI·DE·Lᴀ·FOVRR. — La lettre F, cotoyée à senestre d'une fleur de lis. ℞. Fleur de lis sur un semé de points. (V. pl. ii, n° 1.)

CHAMBRE AUX DENIERS.

Cette administration, qui exista jusqu'à la fin de la monarchie, commença à avoir des jetons particuliers dès le xive siècle.

Le plus ancien est, croyons-nous, celui ci-dessous décrit qui semble être du règne de Philippe V (1316-1322) ou de Philippe VI (1328-1350).

+ GETOIRS·DE·Lᴀ·CANBRE. — Écusson aux armes de France, surmonté d'une fleur de lis et flanqué de deux clefs en pal, dans un entourage formé de quatre arcs de

---

1. On connaît un jeton du xviie siècle de ce service. En voici la description : AVEC·LA·SVEVR·TV·GAGNERAS·TON·PAIN. — Ecusson carré armorié. ℞. LHONNEUR·ET·MALHERE·MOITTIE. — Dans le champ, en trois lignes : DES·BERGERIES. 1644. (Coll. d'Affry de la Monnoye.)

cercle et de quatre angles alternés. ℞. + Ⱥ·DENIERS· LE·ROI·PhI. — Croix fleurdelisée dans un entourage de quatre arcs de cercle.

La clef à un seul panneton paraît avoir été, à cette époque, l'insigne de la Chambre aux deniers; il ne faudrait cependant pas en faire une règle générale. Sur la pièce que nous décrivons ci-dessous, elle n'apparaît pas.

+ GEⱵOIRS:DE:LⱯ:CⱯRBRE:. — Écusson aux armes de France, dans un entourage formé de trois arcs de cercle et de trois angles alternés. ℞. Ⱥ:DENIERS: LE:ROI:PhI:. — Croix fleurdelisée dans un entourage formé de quatre arcs de cercle.

Nous ne connaissons pas de jeton de la Chambre aux deniers pour le règne de Jean le Bon (1350-1364). C'est à l'époque de Charles V ou de Charles VI que la pièce suivante a dû être frappée.

+ GIEⱵOVOIRS·DE·LⱯ·CⱯRBRE. — Croix fleurdelisée dans un entourage de quatre arcs de cercle. ℞. + ⱯV·DENIES·NOSⱵ·SIRE·LE·ROY. — Écusson au semé de France, dans un entourage de trois arcs de cercle et de trois angles alternés [1].

Nous pensons qu'on pourrait classer au règne de Charles VII deux jetons de la collection de feu M. d'Affry de la Monnoye, qui ont les mêmes légendes : IE·SVI· DE·LⱯ·ChⱯRBRE·ⱯV·DERIERS. ℞. IE·SVI DE·LⱯI· ⱵON. Sur l'un se voit au droit un écusson en losange

---

1. Cf. Rouyer et Hucher, *loc. cit.*, pp. 66 et 67.

divisé en neuf carrés dans chacun desquels se trouve une
fleur de lis; sur l'autre, un écusson aux armes de France
est placé dans un entourage de six arcs de cercle. Au
revers des deux jetons, une croix fleuronnée cantonnée
de quatre trèfles.

Il faut ajouter aux quatre jetons précédents un cliché
d'étain, de la même collection, qui représente un paon
rouant et mouvant d'une terrasse avec la légende : LA·
CHABRE·AVX·DENIERS·DV·ROY. Au revers, dans un
entourage de quatre arcs de cercle, deux arbrisseaux
posés de manière à ce que les racines de l'un soient
opposées aux branches de l'autre. Comme légende :
+ SIT·NOMEN·DNI·BENEDICTV. — Cette pièce doit être
de la fin du xvᵉ siècle ou du commencement du xvıᵉ
siècle.

Au xvıᵉ siècle, la Chambre aux Deniers ne fait frapper
régulièrement des jetons pour son usage qu'à partir du
règne de Henri IV.

Au droit de ces jetons se voit le type ordinaire de toutes
les pièces de cette époque : un écusson aux armes de
France ou les deux écussons aux armes de France et de
Navarre avec les colliers des ordres de Saint-Michel et du
Saint-Esprit[1]. La légende sur le jeton sans date de
Henri III et sur celui de 1594 est : *Pour la Chambre aux
Deniers* [2]. Sur les jetons des années suivantes, le premier
mot est supprimé.

---

1. Sauf pour le jeton de Henri III, au droit duquel l'écusson aux armes de
France est entouré du collier de l'ordre de Saint-Michel.

2. La légende ordinaire se trouve au revers, cette année-là, par exception.

En 1664 apparaissent l'effigie et la légende royales. La légende *Chambre aux Deniers* passe à l'exergue du revers [1].

Le droit du jeton de 1619 différant du type ordinaire, nous avons cru utile d'en donner la description : NVTRIT·AMICIS·IGNIBVS·ARCES, chaudron sur un feu de bois. A l'exergue en trois lignes : CHAMBRE·AVX· DENIERS·DV·ROY.

Nous citons ci-dessous quatre délivrances de jetons de la Chambre aux Deniers :

6 juillet 1525. — *Ce dict jour a esté pareillement permis et octroyé audict Jozué Ballay, de faire monnoyer par le dict Claude Cottin, la quantité de quatre cens de gectons de lecton, pour le Maistre de la Chambre aux Deniers.*

1er mars 1532. — *Ce jourdhuy a esté permis et octroyé par messeigneurs estans au bureau de la Chambre de céans, à Germain Guyton, graveur, demeurant à Paris, de faire une pille aux armes de monseigneur le Dauphin avec ung trousseau aux armes de monseigneur le duc d'Orléans et une pille et ung trousseau pour le maistre de la Chambre aux Deniers du Roy, contenant la dicte pille, une salemande couronnée et le dict trousseau, les armes du dict Maistre de la Chambre aux Deniers.*

23 mars 1534. — *Ce jourdhuy a esté permis et octroyé à Germain Guyton, graveur, demourant dedans le Palais, de graver une pille et ung trousseau pour le Maistre de la Chambre aux Deniers, où il y a une salmande, à la pille, couronnée et au trousseau ung champ semé de fleur de lictz ; pour faire forger des gectons.*

28 septembre 1553. — *Ce jourdhy a esté permis à Nicolas Henry de graver ung trousseau auquel y a ung escusson et dedans lequel escusson y a ung chef troys croisettes et aux bas du chef, une hermine et en escript alentour : Françoys de Romans contrerolleur de la Maison.*

---

1. En 1665 se voit encore l'ancien type des deux écussons.

HENRI III.

S. d. MANET·VLTIMA·COELO. — Trois couronnes posées
    1, 2; l'une, en laurier, est entourée de nuages et
    d'étoiles; le tout sur un champ fleurdelisé.

HENRI IV.

1594 POVR·LA·CHAMBRE·AVX·DENIERS·DV·ROY. —
    Homme à droite comptant de l'argent sur une
    table.

1597 IMPAVIDE. — Six lauriers sur un rocher battu par
    les vents et la grêle.

1598 VNDIQUE·TVTVS. — Hérisson attaqué par quatre
    chiens; à droite un piqueur sonnant de la trompe.

1599 QVAMCVNQCE·REGAM. — La Fortune sur sa roue
    offrant une pomme (?) à Minerve.

1600 NEFORSITAN·ERRET. — Main sortant des nuages et
    tenant un plomb à niveler.

1601 FORTIORES·REDDO·RECEPTOS. — Feu allumé par
    une lentille.

1602 SIC·MEIS·ADSVNT. — Arion sauvé par un dauphin.

1604 CÆTERA·DIVIS. — Homme assis à une table et
    tenant un verre; derrière lui, une cheminée.

1605 SIC·TRANSIT. — Main brûlant des étoupes.

1606 JVDEX·IPSE·SVI. — Homme se regardant dans un
    miroir.

1607 VIGILANTIBVS·OMNIA·FAVSTA. — Femme tenant
    une palme, une corne d'abondance, un serpent et
    un coq.

1608 JAM·TOTVM·IMPLEVIT·ORBEM. — Tête d'Henri IV
    dans le croissant de la lune.

1609 ÆTERNVMQVE·MANEBIT. — Lance passée dans
    une couronne royale.

1609 MANET·IRREVOCABILE·VERBVM. — Femme mettant sa main gauche sur la bouche et tenant une palme de la main droite.

1610 VSQVE·QVO. — Femme regardant le soleil et tenant un lis et une main de justice.

S. d. VVLTV·QVO·COELVM. — Tête de Henri IV.

LOUIS XIII.

1611 SOLITO·DE·MORE·RIGABO. — Main sortant des nuages et arrosant un lis.

1613 JOVIS·ALITE·TECTA. — Couronne royale sur le coffre des sceaux; au dessus, aigle volant et tenant la foudre.

1614 CVNCTA·RESOLVAM. — Balance chargée d'une main de justice et d'un sceptre posés en sautoir et unis par un nœud gordien; à gauche, main armée d'une épée passée dans une couronne.

1615 DISSITA·NECTO. — Main sortant des nuages et unissant la main du roi à celle de la reine. (*V. pl. II, n° 4.*)

1615 REGNABIS·TV·QVOQVE·VOTIS. — Trois cœurs accolés sous une couronne royale.

1616 REGVM·SIT·GLORIA·MERCES. — Sceptre couronné entre deux palmes posées en sautoir.

1617 SIC·NOS·PRVDENTIA·SERVAT. — Trois lis dans un cercle formé par un serpent qui se mord la queue.

1617 NON·FVLMINA·TERRENT. — Le roi sur un piédestal en face de la Fortune posée sur un globe et tenant un foudre. (*V. pl. II, n° 5.*)

1617 FALSI·JOVIS·TONITRVA·CALCAT. — Le roi foulant aux pieds la foudre de Jupiter que l'on voit assis sur un nuage.

1618 SINE·TE·NIL·POSSVMVS·OMNES. — Le roi agenouillé; au dessus, le soleil rayonnant. (*V. pl. II, n° 6.*)

1619 NAMQZ·ALIÆ·VICTV·INVIGILANT. — En bas du champ, des fleurs ; en haut du champ, trois ruches entourées d'abeilles.

1620 MACTAVIT · VOLVCRES · SÆVAS · NVNC · VINCVLA SOLVIT. — Prométhée délivré par Hercule.

1621 HÆC·HOMINES·FOVET·ISTA·DEOS. — Cérès assise tenant une gerbe de blé et comptant avec des jetons.

1622 NE·OFFICIANT. — Main armée d'une faucille coupant les mauvaises herbes entourant un lis.

1623 ARMIS·ET·CLEMENTIA·VICTOR. — Le roi à cheval, galopant vers une ville dont les habitants à genoux lui présentent les clefs. (*V. pl. II, n° 7.*)

1623 EX·LAVRO·PACIS·OLIVA. — Colombe tenant une branche d'olivier sur deux branches de laurier posées en sautoir.

1624 FLORES·NON·FVLMINA·SPARGIT. — Aigle répandant des fleurs sur la ville de Paris.

1624 JOVE · GAVDET · ALVMNO. — Corne d'abondance entourée d'étoiles au dessus d'un paysage.

1625 PRÆBET·VTRAMQVE·TIBI. — Minerve tenant une épée passée dans une couronne et tortillée d'une branche de laurier, et une balance couronnée et posée sur deux branches d'olivier en sautoir.

1625 NON·INDEBITA·SOLVO. — Poisson tenant dans sa bouche une pièce de monnaie.

1625 FRANGET·NVBES·ANIMOSQVE·MOVEBIT. — Foudre au milieu des nuages, au dessus d'une église entourée de fortifications.

1626 LIBERTAS·REDDITVR·ARMIS. — Le roi debout armé, pardonnant à des Protestants se tenant à ses côtés.

1627 TOT·CÆLO·QVOT·ORCO. — Hydre foudroyée.

1628 ANIMOS·IOVIS·AVSPICE·TOLLAM. — Chef d'armée à la tête de ses soldats ; à droite, ville fortifiée sur un rocher.

1628 ESTO·DOMI. — Sur une planche, au milieu de la mer, un colimaçon percé d'une flèche.

1630 TIBI·CEDIMVS·VNI. — Le roi armé entre deux guerriers armés à l'antique, dont l'un lui présente une palme et l'autre une branche d'olivier.

1630 SI·QVIS·ADHVC·PRECIBVS·LOCVS. — Le roi assis sur son trône. En bas du champ, une femme agenouillée.

1631 VIRES·RESTAVRAT·ET·AVGET. — Laurier surmonté d'une fleur de lis et accosté d'un zéphir et d'une main arrosant.

1632 JOVE·POLLET·ALVMNO. — Corne d'abondance.

1633 EFFVSIS·DEDIT·IMBRIBVS·ANNVM. — Rivière coulant dans la campagne.

1634 RADIOS·TE·DANTE·VIREBO. Soleil au dessus d'un palmier.

1635 DIVES·ALIT·FLAMMIS. — Soleil frappant de ses rayons deux lis de grandeur différente.

1636 FERTILITATI·FRANCIÆ. — La lettre L couronnée et flanquée de deux cornes d'abondance.

1637; 1640; 1641; 1643; voir le jeton de 1636.

1640 Voir le jeton de 1635.

1643 ..... NON·JVSTA·REQVIRIT. — Main sortant des nuages et tenant une balance.

LOUIS XIV.

1644; 1645; 1646; 1647; voir le jeton de 1636.

1656 VRBEM·FACIT·IPSE·SERENAM. — Soleil levant au dessus de la ville de Paris.

1659 PRO·REGE·LABORANT. — Abeilles entourant leur reine; en bas du champ, des pièces de monnaie.

1661 FIDO·CVSTODE·TENENTVR. — Dragon gardant les pommes d'or du jardin des Hespérides.

1662 INSTANS·OPERI·REGNISQVE. — Abeilles butinant avec leur reine.

1664 QVOD·SVPEREST·FATALE·FRVENTI. Manne tombant dans des vases.

1665 EXCISVS·MELIVS·NITET. — Diamant dans un chaton.

1666 ET·CLARA·ET·PVRA. — Soleil au dessus d'un jet d'eau.

1667 PARCA·QVOD·SATIS·EST·MANV. — Manne tombant du ciel dans des vases.

1668 Voir le jeton de 1667.

1669 ILLÆSOSQVE·REFVNDIT. — Miroir reflétant les rayons du soleil.

1670 Voir le jeton de 1667.

1671 HINC·ALITVR·CVM·REGE·DOMVS. — Ruche entourée d'abeilles.

1672 Voir le jeton de 1669.

1673 Voir le jeton de 1664.

1674 ET·FOVET·ET·RECREAT. — Lis sur les bords d'une rivière.

1674 Voir le jeton de 1666.

1674 QVID·NON·JVNCTA·DOMANT. — Pluie d'argent tombant sur un amas d'armes.

1675 INFERIOR·DVM·PROVOCAT. — Aigle volant vers le soleil.

1676 Voir le jeton de 1664.

1677 QVOS·ALIT·ILLVSTRAT. — Manne tombant dans des vases.

1678 NEC·OBSCVRANT·NEC·MORANTVR. — Soleil entouré de nuages.

1679 HÆC·META·LABORVM. — Femme tenant une corne d'abondance, une palme et une branche de laurier; devant elle, un autel allumé, au dessus duquel se voit le soleil.

1680 EXIT·VT·INTRAT. — Source tombant d'un rocher dans un bassin.

1681 ET·PACEM·ARMATA·PERENNAT. — Arc-en-ciel.

2

1682 ORDINE·DISPENSAT·DIVERSO. — Verre taillé à facettes recevant les rayons du soleil.

1683 PRIMITIÆ·SVPERIS. — Gerbes de blé et fruits sur un autel.

1684 ALIMENTA·DAT·OMNIBVS·ÆQVA. — Arbres, fleurs et plantes.

1685 PASCVNT·REGEMQVE·DOMVMQVE. — Abeilles butinant avec leur reine.

1686 JVNCTAQVE·GRATIA·DONIS. — Oranger chargé de fleurs et de fruits.

1687 CVNCTIS·DAT·VIVERE. — Main arrosant des fleurs.

1688 QVAS·NON·PRÆBET·OPES. — Oranger chargé de fruits.

1689 ACRIVS·HINC·AD·BELLA. — Abeilles butinant.

1690 INVIGILANT·VICTV·IOVIS. — Ruche entourée d'abeilles.

1691 SPEM·COPIA·VINCIT. — Deux Israélites rapportant sur un bâton une grappe de raisins.

1692 QVOS·PASCIT·PROBAT. — Israélites ramassant la manne.

1693 AD·JOVIS·ORA. — Corne d'abondance.

1694 SVMMVS·HONOS·MIMISTRARE·IOVI. — Constellation du Verseau.

1695 HINC·DECVS·VNDE·EFFVNDIT. — Fontaine en cascade.

1696 TANTI·EST·ALVISSE·JOVEM. — La chèvre Amalthée changée en constellation.

1697 CVNCTOS·HOC·MVNVS·IN·VSVS. — Soleil au dessus d'un palmier.

1698 QVAS·FERT·NON·SIBI·SERVAT·OPES. — Navire en chargement.

1699 QVI·CVNCTOS·ALIT·HINC·ALITVR. — Champ de blé en partie fauché.

1700 VT·PROSINT·EFFVNDIT. — Main sortant des nuages et arrosant des fleurs.

1701 ETIAM·VTILIS·ARVIS. — Ruisseau se formant en cascade et coulant ensuite dans la campagne.

1702 CIBOQVE·EXCELSA·TONANTIS. — Rivière coulant au pied du mont Olympe.

1703 TVLIT·ET·FERET·OMNIBVS·ANNIS. — Arbre chargé de fruits.

1704 AB·IPSO·DVCIT·OPES. — Soleil au dessus d'une moisson.

1705 REDDIT·VT·ACCIPIT. — Miroir sur une toilette.

1706 INARATA·QVOTANNIS·REDDIT. — Hommes faisant la moisson.

1707 SVFFICIT·OMNIBVS·VNA. — Palmier.

1708 SOLI·JOVI·DAPEM. — Agneau sur un autel de sacrifice.

1709 OMNIBVS·VNA. — Lyre.

1710 DECVS·EST·ALVISSE·JOVEM. — Ruche entourée d'abeilles.

1711 ALIT·VIRESQVE·MINISTRAT. — Soleil au dessus de fleurs.

1712 SEGES·SVPERADDITA·VOTIS. — Deux Israélites rapportant sur un bâton une grappe de raisins.

1713 NON·SIBI·SERVAT·OPES. — Vaisseau en pleine mer.

1714 AMBROSIAM·DIVIS·HAC·SOLA·MINISTRAT. — Colombe.

1715 DITAT·AGROS·POPVLOSQVE·BEAT. — Rivière traversant une ville et la campagne.

S. d. Voir les jetons de 1664, 1666, 1673, 1686, 1688.

LOUIS XV.

1720 FELIX·SECLORUM·NASCITVR·ORDO. — Saturne et Rhée retournant sur la terre.

1721 COELESTIBVS·ILLA·MINISTRAT. — Hébé versant l'ambroisie à Jupiter.

1722 EX·DAMNO·COPIA. — La chèvre Amalthée dont une
des cornes tombée à terre se change en corne
d'abondance.

1723 AURUMQUE·DAPESQUE. — Dragon gardant le jardin des Hespérides.

1724 CERTIOR·IMBRE. — Arrosoir répandu sur des plants
de laurier.

1725 ACCEPTA·REPENDIT. — Champ de blé.

1726 NUSQUAM·DEVIA. — Boussole.

1727 SUPERIS·PLACET·ET·IMIS. — Encensoir sur un
autel.

1728 INNUMERI·QUOS·RORE·BEAT. — Le Nil personnifié
tenant une corne d'abondance ; derrière lui, un
sphinx.

1729 OMNES·MAGNUS·ALIT. — Soleil rayonnant au dessus d'une campagne.

1730 NEC·INSCIA. — La Fortune sur sa roue enlevant de
ses yeux le bandeau qui les couvrait et répandant
sur la terre des pièces de monnaie qui tombent
d'une corne d'abondance.

1731 PROLEM·ALIT·ILLA·DEORUM. — Louve allaitant
Romulus et Rémus.

1732 DAPES·ET·MUNERA·DIVUM. — Deux cornes d'abondance en sautoir renversées ; de l'une tombent des
fleurs et des fruits et de l'autre des pièces de
monnaie.

1733 THURA·JOVI·NECTARQUE·FERO. — Cérès couchée
et entourée de pampres et de gerbes.

1734 SUA·DONA·REPENDIT. — Cérès assise et tenant une
gerbe et une faucille.

1735 DAPES·DIIS·ET·POCULA·PRESTAT. — Vigne chargée de raisins.

1736 REGI·ET·REGIS·AULÆ. — Pallas debout renversant
une corne d'abondance sur la terre.

1737 DIVIS·MINISTRAT·MUNERA·DIVUM. — Grand
prêtre agenouillé devant un autel sur lequel brû'e
de l'encens.

1738 ALIT·HOMINESQUE·DEOSQUE. — Victime dont une
partie est sur un autel allumé et l'autre partie,
destinée aux prêtres, est à terre.

1739 IPSO·FOECUNDA.QUOTANNIS. — Palmier frappé par
les rayons du soleil.

1740 SICUT·ROS·SUPER·HERBAM. — Bourses pleines
d'argent sur une table couverte d'un tapis;
quelques-unes sont ouvertes et répandues.

1741 PRO·DOMO·REGIS. — Char rempli de gerbes de blé
et conduit vers un palais.

1742 FRUGES·ET·CEREREM·FERUNT. — Trois bateaux
chargés de fruits.

1743 NUNQUAM·DEFICIET. — Source sortant d'un rocher.

1744 DIVITIIS·ET·SAPIENTIA — Minerve et l'Abondance
soutenant une couronne de laurier.

1745 INCOLUMI·REGE·LÆTITIA·POPULI. — Homme et
trois femmes dansant autour d'un feu de joie.

1746 FIDES·ASSEQUA·JOVIS. — Hébé servant à boire à
Jupiter vainqueur des Titans.

1747 NUNQUAM·SICCABITUR·ÆSTU. — Le Nil personnifié, répandant dans la campagne l'eau qui sort
de son urne.

1748 CUSTODIT·NON·CARPIT. — Statues de Terme dans
un jardin.

1749 PAX·IN·VIRTUTE·TUA. — La Justice tenant des
balances; dans l'un des plateaux, un sceptre; dans
l'autre, une main de justice.

1750 REGALI·SPLENDET·USU. — Rameau d'or.

1751 NULLO·CONTUSUS·ARATRO. — Fleur d'immortelle.

1752 URBIS·ET·ORBIS·LÆTITIA. — Soleil levant.

1753 QUOD·RECIPIT·SPLENDIDE·REDDIT. — Feu allumé
par un miroir.

1754 OPES·FRUGESQUE·LARGITUR. — Soleil au dessus
  d'une montagne, en haut de laquelle sont des
  arbres fruitiers et en bas des mines.
1755 REGALI·SUPPETIT·USUI. — Au milieu d'une
  chambre, sacs d'argent sur une table; quelques-
  uns sont répandus.
1756 SEMPER·INCONCUSSA·VIGEBIT. — Chêne battu
  par les vents.
1757 STUDIUM·GLORIAQUE·RIGANTIS. — Jardinier arrosant des lis.
1758 NULLA·TEMPESTATE·MUTATUR. — Laurier.

Maîtres de la Chambre aux Deniers.

Au xıvᵉ siècle, sur les jetons de ces officiers, apparaissent les deux clefs à un seul panneton, qui semblent avoir
été, comme nous l'avons dit précédemment, l'insigne de
la Chambre aux Deniers. Ces jetons de petit module présentent le même type; au droit, une couronne royale
flanquée de deux clefs à un seul panneton, posées en pal,
le tout dans un entourage de quatre arcs de cercle. Au
revers, une croix fleurdelisée dans un entourage de huit
arcs de cercle de grandeur inégale qui divisent en quatre
parties la légende. Cette légende reproduit le nom propre
du Maître, dont le prénom se lit au droit à la suite du
mot : GIETOIRS.

Nous classons aussi aux jetons de ces officiers une pièce
décrite inexactement par MM. Rouyer et Hucher [1] d'après

---

1. *Loc. cit.*, p. 68.

un exemplaire mal conservé. M. de Longpérier, corrigeant leur lecture en 1859[1], rétablit la légende ainsi qu'il suit : GIEꞀOIRS·PIERRE·DE·ROCEFORꞀ.

Il existe un jeton de Pierre de Berne où le mot BERꞆE remplace au revers le nom du maître : ROCEFORꞀ.

Un jeton de Jean le Coq (✠ ꟽAISꞀRE·IEAꞆ·LE·CI·) a, au droit un type identique à celui de Pierre de Rochefort ; pour son revers, il a emprunté celui de Pierre de Berne.

1. A·DALESSO·Mᶜ·DE·LA·CHAMBRE·AVX·DENIERS· DV·ROY. — Cartouche armorié. ℞. PIETATE·ET· IVSTITIA. — Ecusson aux armes de France surmonté d'une couronne royale et entouré du collier de Saint-Michel : comme supports, la Piété et la Justice. (*V. pl. II, n° 8.*)

2. L·FLEVRETEAV·C·D·R·ET·Mᶜ·D·SA·CHAMBRE·AVX· DE°. — Ecusson armorié dans une couronne de laurier. ℞. IMPAVIDE. Rocher surmonté de lauriers et battu par la tempête. A l'exergue : 1597.

3. H·BARENTIN·C·D·R·ET·Mᶜ·D·SA·CHAMBRE·AVX· DENIERS. — Ecusson armorié, surmonté d'un casque de profil avec ses lambrequins. ℞. IVDEX·IPSE·SVI· Homme se regardant dans un miroir. A l'Exergue : H. 1606. B.

4. M·L·HESSELIN·C·DV·ROY·ET·M·DE·L·CHAM·AVX· DENIERS. — Ecusson armorié, surmonté d'un casque de trois quarts avec ses lambrequins ; comme cimier, un griffon. ℞. PIETAS·VT·CEDAT·AVITIS. Personnage menant un enfant à la reine assise à droite. A l'exergue : L. 1630. H.

5. Même droit que le jeton précédent. ℞. SI·QVIS· ADHVC·PRECIBVS·LOCVS. Femme agenouillée devant le *II*, roi assis sur son trône. A l'exergue : 1630. (*V. pl. n° 9.*)

---

1. *Revue Numismatique française*, compte rendu de l'*Histoire du jeton*, p. 201 et 202, pl. v, n° 11.

6. Même droit que le n° 4. ℞. RADIOS·TE·DANTE·VIREBO. Soleil au dessus d'un palmier. A l'exergue : 1634.

7. Même droit que le n° 4. ℞. SVPEREST·DVM·VITA·MOVETVR. Fusée dans une couronne de chêne.

1285. Jean de Saint-Just.
1307. Michel de Bordenet.
1315, 1316. Pierre Remi.
1321. Raoul de Paris.
*1351. Pierre de Berne.
*1351, 1356. Jean le Coq.
1370. Robert le Coq.
1380, 1386. Guillaume Perdrier.
1383, 1391-1405. Raymond Raguier.
1391. Jean Perdrier.
*xive siècle. Pierre de Rochefort.
1402. Jamet de Nesson.
1418. Jean Brossard.
1421. Renaud Doriac.
1461, 1471. Michel de la Grange.
1466-1470. André Briçonnet.
1470. Guill. de Varie.
1471. Martin Berthelot.
1492, 1493. Gilles Berthelot.
xve siècle. Jean Berthelot.
1501. Jacques de Moulins.
1511. François Briçonnet.
1515. Sébastien de Mareau.
1521. Gilles Berthelot.
*Charles IX. A. d'Alesso.
1587. Jean Négrier.
*1597. Louis Fleureteau.
*1600, 1606. Henry Barentin.
1611. Louis Fleureteau.
1618. Pierre Fleureteau.

1621. Gabriel Fleureteau.
'1627-1647. Louis Hesselin.
1637. Regnaud Aubert.
1661. Chandesolle Dupin, ancien.
1671-1682. Louis Bernin de Valentine d'Ussé, alternatif.
1672-1690. Prosper Bauyn d'Angervilliers, ancien.
1674. Pierre de Bragelogne, triennal.
1677-1689. Daliez de la Tour, triennal.
1685-1697. Daniel Moret, alternatif.
1692-1721. Roland Pierre Gruyn, triennal; seul en 1718;
       1719 et 1721.
1693-1696. François Berthelot de Mareuil, ancien.
1699-1711. Charles Vireau Dessespoisses, ancien.
1714-1749. Louis François Vireau de Villefleix, alternatif.
1700. Moret de Borneville.
1708. N... de Laistre, alternatif.
1706-1729. Claude César Rasle, alternatif.
1736-1751. Antoine Gautier de Mondorge, triennal [1].
1738. Antoine Charles Lorimier, alternatif,
1744-1753. Antoine Charles Lorimier fils [2], triennal.
1752. Pierre Christophe Tersier [3].

GRANDS AUMONIERS.

Les grands aumôniers étaient en général des prélats
que leur naissance ou leurs vertus avaient désignés au
choix du roi. Nous relevons dans la liste ci-dessous plusieurs noms célèbres : le cardinal Alphonse de Richelieu,
le cardinal de la Roche-Aymon, etc.

---

1. Antoine Gautier de Mondorge, reçu en 1727, n'a exercé son office qu'à partir de 1736.

2. Ce maître n'a exercé qu'à partir de 1744; il avait été reçu en 1744.

3. Il avait été reçu en 1750.

1° IAC·CAR·PERRON·AR·SEN·MAG·FR·ELEEM. — Ecusson armorié, posé sur une croix pastorale, surmonté du chapeau de cardinal et entouré du collier du Saint-Esprit. — ℞. CAMERA·GEN·REFORM·HOSP. — Femme assise donnant le sein à un enfant ; deux autres enfants à ses côtés. A l'exergue : 1614.

2° F·CARD·DE·LA·ROCHE·FOVCAVLT·GR·AVM·DE·FR. — Ecusson armorié, surmonté du chapeau de cardinal et entouré du collier du Saint-Esprit. — ℞. CAMERA·REFORM·HOSP·ET·LEPR. — Même type qu'au n° précédent. A l'exergue : 1629.

3° ALP·CAR·AR·LVG·MAG·FR·ELEMOSINARIVS. — Ecusson armorié, surmonté d'une couronne de comte et d'un chapeau de cardinal et posé sur une croix pastorale. — ℞. INTELLIGIT·SVPER·EGENVM. — Le cardinal debout s'appuyant contre une table. A l'exergue : CAM·HOSP | 1635.

4° CAR·AN·BAR·MAG·FRANC·ELEEM. — Buste du cardinal Barberini. ℞. — GRATIOR·VMBRA. — Abeilles butinant sur des lis. A l'exergue : 1656.

5° C·A·CARD·DE·LA·ROCHEAYMON·ARCH·DUX·REMENSIS·M·FR·ELEEM. 1771. — Buste du cardinal. — ℞. JUSTITIA·ET·PAX·OSCULATÆ·SUNT. — La Justice et la Paix s'embrassant. A l'exergue, en deux lignes : CAMERA·CLERI·REMENSIS. 1771.

1486 Geoffroy de Pompadour.
1515 François Leroy de Chavigny.
1519 Adrien Gouffier.
1519-1526 François de Moulins de Rochefort.
1526-1543 Le cardinal Le Veneur.
1543-1547 Antoine Sanguin.
1547-1548 Philippe de Cossé.
1548-1551 Pierre du Chastel.
1552-1556 Bernard de Ruthye.
1556-1559 Louis de Brézé.
1559-1560 Charles de Crevant d'Humières.

1560-1591 Jacques Amyot.
1591-1606 Renaud de Beaune.
* 1606-1618 Jacques Davy du Perron, archevêque de Sens.
* 1618-1632 Le cardinal de La Rochefoucauld.
* 1632-1653 Le cardinal Alphonse de Richelieu.
* 1653-1671 Le cardinal Barberini.
1671-1700 Le cardinal de Bouillon.
1700.-1706 Le cardinal de Coislin.
1706-1713 Le cardinal de Janson.
1713-1733 Le cardinal de Rohan.
1733-1760 Le cardinal de Rohan-Soubise.
* 1760-1786 Le cardinal de la Roche-Aymon.
1786-1790 Le cardinal de Rohan-Soubise.

GRANDS MAITRES DE L'HOTEL.

Nous signalons à l'attention de nos lecteurs le magnifique jeton d'Anne de Montmorency. Cette pièce d'un travail exquis est un véritable bijou ; nous n'en connaissons qu'un seul exemplaire, celui de la collection d'Affry de la Monnaye, il est reproduit au n° 10 de nos planches.

1° + APLANOS. — Ecusson aux armes d'Anne de Montmorency, flanqué d'un bâton de grand maître et d'une épée de connétable. ℞. GETONS·DV·BUREAU. — Trois fleurs de lis dans un entourage formé de trois croissants aboutés ; au dessus, une couronne royale ; au dessous, dans un cartel, 1558.

2° C·D·BOVRBON·C·D·SOISSONS·PAIR·ET·G·Mᴱ·D· FRAN. — Ecusson armorié surmonté d'une couronne d'Altesse Royale. ℞. Rocher battu par la tempête, sur la cime duquel se trouve un laurier, et sur la base, un listel chargé du mot : IMPAVIDE. La légende est remplacée par une couronne de laurier coupée par la date : 1595.

3° C·DE·BOVRBON·C·DE·SOISSONS·PAIR·ET·G·Mᴱ·D·
FRANC. — Ecusson armorié surmonté d'une couronne
d'Altesse Royale. — ℞. GOVVER·ET·LIEVT·GENᴸ·P·L·
ROY·EN·NORM·ET·DAVLPH. 1612. — Rocher battu par la
tempête, sur la cime duquel se trouve un laurier, et, sur la
base, un listel chargé du mot : IMPAVIDE.

Maîtres d'hôtel.

Nous connaissons deux délivrances de jetons des maîtres
d'hôtel de la Maison du Roi.

Aujourduy Xᵉ jour de may mil cinq cens vingt sept, a esté
permis et octroyé à Jehan Emery, graveur de seaulx, demourant
à Paris de povoir graver une pille et ung trousseau aux armes
de Monsieur de Bonnes, Maistre d'Ostel du roy, pour sur
iceulx monnoyer des gectons pour servir aux officiers du roy
nostre dict seigneur.

5 Decembre 1543. — Il a esté permis à Claude le May tailleur de la Monnaye de Paris de faire deux pilles et deux trousseaux aux armes de Monseigneur et de Madame de Laval ; une
pille aux armes du Roy entarge. avec deux trousseaux aux
armes de deux des maistres d'hostelz ordinaires de la Maison
du Roy. Le tout monnoyer gectons d'argent et de laton.

FRANÇOIS I.

1° ⁜ ANTHOINE·OV·CARTIER·Mᴱ·DOSTEL·DV·
ROY. — Ecusson armorié, accompagné de trois roses.
— ℞. FRANCOIS·PAR·LA·GRA·DE·DIEV·ROI·DE·
FRACE. — Ecusson aux armes de France surmonté d'une
couronne royale et flanqué de deux F couronnées.

2° + GAVCHIER·DE·DINTEVILLE·Mᴱ·DOSTEL·
DV·ROY. — Ecusson armorié. Même revers que le n° précédent. (V. pl. n° 12).

3° **+ RIGAVLT · DOREILLE · M^E · DOSTEL · DV·ROY.**
— Ecusson armorié dans un entourage polylobé. Même
revers que le n° 1. (V. pl. n° 13.)

4° **+ PIERRE · DV · PLESSEYS · MAISTRE · DOSTEL.** —
Ecusson armorié. — ℞. **+ GETES · ET · ENTENDES · AV.
COMPTE.** — Ecusson aux armes de France en losange.
(V. pl. n° 11.`

5° **+ MESSIRE · IEHAN · DE · SAINCT · AVLLAIRE.** — Ecus
son armorié. — ℞. **MAISTRE · DOSTEL · ORDINAIRE · DV·
ROY.** — Salamandre couronnée au milieu des flammes.

6° **+ SAINT · GELAYZ · PREMIER · M^E · DOSTEL.** —
Ecusson armorié. — ℞. **FRANCOIS · PAR · LA · GRACE ·
DE · DIEV · ROI · DE · FRANCE.** Même type qu'au n° 1.

FRANÇOIS II.

7° **PREMIER · MAISTRE · DOSTEL · DV · ROY.** — Ecusson en
bannière aux armes de Mendoze, garni de ses courroies
et flanqué de deux bâtons de Maître d'Hôtel. ℞. — **FRAN-
COYS · SECOND · DE · CE · NOM.** — Ecusson aux armes de
France, surmonté d'une couronne royale et entouré du
collier de Saint-Michel.

CHARLES IX.

8° **M^E · JEN · DE · BEAVQ^E · S^R · DE · PVIGVI · CH · DE · LOR · DV·
ROY · C · E · M^E · DOTEL · OR.** (Jean de Beauquerre.) — Ecus-
son armorié, entouré du collier de Saint-Michel. — ℞.
PIETATE · ET · JVSTITIA. — Ecusson aux armes de France
surmonté d'une couronne royale et entouré du collier de
Saint-Michel ; comme supports, la Piété et la Justice.

9° **BONAVENTVRE · GILIER · M^E · DHOSTEL · DV · ROY.** —
Ecusson armorié en bannière. — ℞. **PIETATE · ET·**

IVSTITIA. — Ecusson aux armes de France, surmonté
d'une couronne royale, entouré du collier de Saint-Michel
et flanqué de deux colonnes couronnées ; le tout posé sur
un socle chargé de deux branches de laurier en sautoir.
A l'exergue : deux palmes en sautoir. (Voir pl. n° 14.)

10° Même droit que le n° précédent. ℞. — MANET·
VLTIMA·CELO. — Trois couronnes de laurier posées
1 et 2 ; celle d'en haut entourée d'étoiles. En haut du
champ, un listel chargé de la devise : MANET·
VLTIMA·CELO.

11° + RENE·DE·PREAVLX·Mᴱ·DHOTEL·DV·ROY. —
Ecusson armorié. — ℞. PIETATE·ET·IVSTITIA. — Sur
un socle, un cartouche aux armes de France, surmonté
d'une couronne royale et flanqué de deux colonnes couronnées ; le tout soutenu de deux cornes d'abondance et
de deux branches de laurier ; sur le socle, deux C adossés
et enlacés posés sur deux branches de laurier. A l'exergue :
FRANCIE.

12° CAR·STROSSI·M·D'HOSTEL. — Ecusson armorié,
entouré du collier de Saint-Michel. ℞. — TIBI·MILITAT·
ÆTHER. — Deux cavaliers luttant ensemble ; l'un d'eux
est frappé de la foudre. A l'exergue : 1573. (V. pl. n° 15.)

13° GEORGES·D·WICARDEL·Mᴱ·DOSTEL·D·ROY. —
Ecusson armorié, entouré du collier de Saint-Michel.
Même revers que le n° 10.

HENRI III.

14° LAVR. TESTV·C̅O̅S̅·ET·Mᴱ·DHOSTᴸ·DV·ROY. —
Ecusson armorié, surmonté d'un casque de profil avec ses
lambrequins. — ℞. POVR·LA·CHAMBRE·AVX·DENIERS·
DV·ROY. — Ecusson aux armes de France surmonté d'une
couronne royale et entouré du collier de Saint-Michel.

LOUIS XIV.

15° M^{RE}P·ARMAND·LANGLOYS·CH^{ER}·MAISTRE·DHOS-TEL·DV·ROY. — Écusson armorié, surmonté d'une couronne de comte; comme supports, deux sauvages s'appuyant sur une massue. ℞. — SIC·PROBAT. — Trois aigles volant vers le soleil. A l'exergue : 1681.

GRANDS CHAMBELLANS.

Nous ignorons s'il existe pour François de Lorraine, duc de Guise, tué à Orléans en 1552, des jetons frappés spécialement à cause de son titre de Grand Chambellan. Un jeton d'alliance fait allusion à la haute charge que possédait ce personnage.

FRAN·D·LORRAINE·D·D·GVYSE·P·Z·GR·CH·DE· FRANCE. — Écusson armorié, surmonté d'une couronne ducale et entouré du collier de Saint-Michel. — ℞. + ANNE·DE·EST·DVCHESSE·DE·GVYSE. — La lettre A traversée d'un I ; le tout dans la lettre O.

Un jeton du duc de Mayenne, Charles de Lorraine, porte aussi la mention de cette dignité, attachée aux plus grands seigneurs de la cour.

CH·D·LOR^{NE}·D·DE·MAYENNE·P·GR·CHAMB·D·FRANC· — Écusson armoirié, couronné et entouré des colliers de Saint-Michel et du Saint-Esprit. — ℞. + C·D·LOOR·D·D· MAYENNE·L·G·D·LESTAT·ET·GOV·D·F. — Bras couvert d'un brassard, mouvant d'une nue et paraissant vouloir saisir trois flammes qui brillent au milieu d'un feu allumé sur un autel. Au dessus, des nuages et un listel chargé de l'inscription : HANC·DEVOVET·TRES.

7° Même droit qu'au n° 6. — ℞. HENRIE·D·SAVOE· DVCHESSE·DE·MAYENNE. — Écusson parti de Lorraine-

Mayenne et de Savoie, surmonté d'une couronne ducale et entouré d'une cordelière.

8° + EVST·DE·CORBIE·R^{TOR}·CVRIE·ET·CAM9 (Rector curie et cambellanus). — Ecusson armorié dans une couronne de laurier. — ℞. HENRICI·II·FRANCORV·REGIS. — Ecusson aux armes de France surmonté d'une couronne royale et entouré du collier de Saint-Michel.

Comédiens du roi.

1° LVDOVICVS·XIV·FRANC·REX. — Tête du roi. — ℞. SIMVL·ET·SINGVLIS. — Ruche entourée d'abeilles. A l'exergue : COMEDIENS | DV·ROY.

2° Soleil rayonnant. — ℞. Dans le champ : BAL | DES | COMEDIENS· | DV·ROY. — Octogone.

Comédie Italienne.

SPLENDENT·BELLISQUE·JOCISQUE. — Ecusson aux armes de France entouré des colliers de Saint-Michel et du Saint-Esprit et surmonté d'une couronne royale. — ℞. SUBLIATO·JURE·NOCENDI. — Théâtre. — A l'exergue : COMICI·ITALIANI· | MCC·LVII.

Premiers Gentilshommes de la Chambre.

Les Premiers Gentilshommes de la Chambre, que leurs attributions rapprochaient de la personne royale plus que tous les autres officiers de la Maison, étaient choisis parmi les familiers du roi.

Ainsi nous voyons figurer parmi eux, Concini, marquis d'Ancre, le célèbre favori de Louis XIII.

1° H·DE·FOIS·CANDALE·D·ET·P·D·FR·P·GENTIL·D·LA· CH·D·ROY. — Ecusson armorié, surmonté d'une couronne ducale et soutenu de deux branches de laurier. — ℞. ARGENTERIE·DV·ROY. — Ecusson aux armes de France, surmonté d'une couronne royale et entouré des colliers des ordres [1].

2° H·DE·LATOVR·P·GENTILH·D·L·CHAMB·D·R.—Ecusson armorié, surmonté d'une couronne ducale. — ℟. DANT·ADVERSA·DECVS. — Etoile entourée de nuages. A l'exergue : 1595.

3° H·DELATOVR·P·GENTILH·D·L·CHAMB·DV·ROY· — Même droit qu'au n° précédent. — ℟. SVA·STANS·MOLE· REFVLGET. — Phare. A l'exergue : 1609.

4° R·DE·BELLEGARDE·P·GENTIL·D·L·CHAM·D·ROY.— Ecusson armorié, surmonté d'un casque de profil avec ses lambrequins et entouré des colliers de Saint-Michel et du Saint-Esprit. — ℟. DECVS·ET·TVTANIEN·AB·ARMIS. — Cuirasse posée sur des palmes et des branches de laurier. A l'exergue : 1602.

5° Même droit que le n° précédent. — ℟. SIC·NOXIA· TEMNO. — Porc-épic. A l'exergue : 1610.

6° C·CONCINI·DANCRE·P·G·DE·L·CH·DV·ROY. — Ecusson armorié, surmonté d'une couronne de marquis d'où sort un casque de face avec ses lambrequins ; comme cimier, trois panaches. — ℟. TVTA·SORTE·FIDELITAS. — Ancre tortillée d'un cep de vigne et surmontée d'un globe ailé. A l'exergue : 1611. (V. pl. n° 16.)

7° G·DE·SOVVRE·P·GENTILH·DE·LA·CHAM·D·ROY. — Ecusson armorié, surmonté d'une couronne de comte et entouré des colliers de Saint-Michel et du Saint-Esprit. — ℟. STETIT·INCONCVSSA·PRO·CELLIS. — Tour bâtie sur un rocher, battue par la tempête. A l'exergue : 1612.

8° Même droit que le n° précédent. — ℟. STAT·FORTIBVS·ALTA·COLVMNIS. — Tour bâtie sur un rocher, battue par les flots ; en haut du champ, le soleil au milieu des nuages.

9° ROG·DV·PLESSEYS·P·G·DE·LA·CH·ARG·DV·ROY. —

---

1. Il existe un autre jeton de ce personnage ayant au revers les armes et la devise de Jean-Louis de Lavalette, son beau-père.

Ecussons accolés de France et de Navarre, surmontés d'une couronne royale et entourés des colliers de Saint-Michel et du Saint-Esprit. — ℞. CVM·SVRGIT·ET·OCCI-DIT·ADSVM. — Au dessus d'un paysage, deux étoiles et le soleil levant et couchant. A l'exergue : 1629.

10° Même droit que le n° précédent. — ℞. LOYS·XIII· R·DE·FRAN·ET·NAV. — Buste du roi; au dessous, 1631.

11° Ecusson armorié, surmonté d'une couronne ducale et entouré des colliers de Saint-Michel et du Saint-Esprit; le tout enveloppé du manteau de pair. — ℞. Dans le champ : L·M·D'AUMONT· | DUC·D'AUM·PIR·DE·FR· | PRER·GENTILHE·DE·LA·CHRE· | DU·ROI· ¡ CHER·DE·SES. ORDRES· | LIEUTT·GL·DE·SES·ARMEES· | GOUVR·DE ·BOULOGNE· | ET·PAYS·BOULONOIS· | DES·VLE·ET·CAU. DE·COMPIEGNE. | ET·CAPE.DES·CHASSES·DE·LA·CIE· RLE·DE·COMPNE· | 1759. — (V. pl. n° 23.)

12° Cartouche armorié, surmonté d'une couronne ducale, entouré des colliers de Saint-Michel et du Saint-Esprit et enveloppé du manteau de pair; le tout posé sur deux bâtons de maréchal, six drapeaux et quatre canons, le tout passé en sautoir. — ℞. Dans le champ : L·FR. ARM | DU·PLESSIS· | DUC·DE·RICHELIEU | PAIR·ET· MARECHAL | DE·FRANCE | PREMR·GENTILHOMME | DE·LA·CHAMRE·DU ROI | CHEV·DE·SES·ORDRS | GOUVR·DE | GUYENNE. — Octogone.

13° MRE·ESTIENNE·DV·VERDIER·CHER·MARESCHAL· DE·BATAILLE. — Mercure monté sur Pégase et se dirigeant vers le soleil. Au dessous dans un cartouche : VIRTVS·ET | ENSIS. — ℞. ET·LVN·DES·26·GENTILS-HOMMES·ORDINAIRES·DV·ROY. — Ecusson armorié, surmonté d'une couronne de comte, d'où sort un aigle issant; comme supports, deux aigles. A l'exergue : 1654.

Peintre du Roi.

NOEL·QVILLERIER·PEINTRE·ORDINAIRE·DU·ROY· —

Ecusson armorié surmonté d'un casque de trois quarts avec ses lambrequins. — ℞. VBI·FIDES·IBI·AMOR. — Foi mouvant des nuages et tenant deux palmes; au dessus de chaque main, une tourterelle. A l'exergue : 1637.

Violons de la Chambre.

LUD·XV·REX·CHRISTIANISS. — Tête du roi. — ℞. NUMERUM·SACRAVIT·APOLLO. — Apollon tenant une lyre assis sur un tertre entouré d'instruments de musique. A l'exergue : LES·XXIV·VIOLONS· | DE·LA· CHAMBRE | ·1751. — (V. pl. n° 17.)

Paumier du Roi.

F·PERDRIX·PAUMIER·DV·ROY. — Monogramme surmonté d'une couronne de fleurs et flanqué de la date : 1739. — ℞. PRIVO·DITE·MORIRO. — Oranger en caisse, frappé par les rayons du soleil. (V. pl., n° 18.)

GRANDS ECUYERS.

Le plus ancien jeton attribuable à ce grand office de la couronne a été décrit par MM. Rouyer et Hucher[1]; malheureusement le nom du Grand Ecuyer fait défaut. Nous pensons que ce jeton doit appartenir au règne de Charles VII plutôt qu'à celui de Charles VIII. On voit au droit l'insigne du Grand Ecuyer, l'épée fleurdelisée et garnie d'un ceinturon.

+ GECTONS·POVR·LESCVIERIE. — Epée dans un fourreau fleurdelisé et garni d'un ceinturon.

℞. (Couronne) CHARLES·ROY·DE·FRANCE. — Neuf fleurs de lis posées 1, 2, 3, 2. 1.

Sous le règne de Louis XIV fut frappé un jeton octogone, de petit module, qui se trouve dans la collection de feu M. d'Affry de la Monnoye.

---

[1]. *Histoire du jeton*, p. 74.

Au droit, un cartouche rond, couronné aux armes de France, entouré des colliers des ordres du roy. ℞. ESCURIE·DU·ROY en deux lignes, dans une couronne de laurier.

Deux jetons variés à l'effigie de Louis XV furent gravés pour le service de l'Ecurie ; au revers, un cheval se cabrant et la légende : BELLI·PACISQVE·DECUS. A l'exergue : ECURIES·DU·ROY.

1° CLAVDE·GOVFFIER·MARQVIS·DE·BOYSY. — Ecusson armorié, surmonté d'une couronne ducale et entouré du collier de Saint-Michel. — ℞. GRAND·ESCVYER·DE· FRANCE. — Epée dans un fourreau fleurdelisé, garnie d'un baudrier aussi fleurdelisé.

2° + C·GOVFFIER·CONTE·DE·CARVAS·ET·DE·MAV-LEVᴿ (Maulevrier.) — Ecusson comme au n° précédent. — ℞.+ SEIGNEᴿ·DE·BOYSI·GRAND·ECVIER·DE·FRACE· — Epée, etc.

Le XXIIIIᵉ jour de Mars mil Vᶜ LXVIII la court à Paris a permis à Bonadventure Cousin orfevre du roy de faire faire et graver une pille et ung trousseau aux armoyries de monsieur le Grand Escuyer de France et faire sur iceulx les gectons d'argent en la Monnoye de Paris, après avoir veu au bureau de ladicte court, les dicts pille et trousseau.

3° LEONNOR·CHABOT. — Ecusson armorié, surmonté d'une couronne de comte et entouré du collier de Saint-Michel. — Même revers que le n° 1.

La Court a permis a Bonnavanture Cousin orfevre du roy de faire graver deulx carrés aulx portraictz à luy envoyéz par monsieur le conte de Charny, Grand Escuyer de France, pour faire monnoyer gectons d'argent pour iceulx carréz faictz et représentés au bureau, estre ordonné du moinnoiaige ainsi que de raison. Faict en la Court des Monnoyes, le XXVᵉ jour de septembre mil VCLXXI.

Veu les fers représentéz au bureau la Court a permis de monnoyer iceulx gectons. Faict en la Court des monnoyes le XIIIᵉ jour de Janvier VCLXXII.

4° R·DVC·DE·BELLEGARDE·PAIR·ET·GR·ESC·DE. FRAN. — Ecusson armorié, entouré des colliers de Saint-Michel et du Saint-Esprit et surmonté d'une couronne ducale d'où sort un casque de face couronné ; comme cimier, un aigle s'essorant ; comme supports, deux aigles. — ℞. SOLVM·COELVM·TENEBO. — Rocher dont la cime est entourée de nuages. A l'exergue : 1623.

5° Même droit que le n° précédent. — ℞. VIRTVS·NVNC·CLARVIT ORBI. — Soleil dissipant les nuages. A l'exergue : 1633.

6° Même droit que le n° 4. — ℞. VIRTVS·HÆC·IMMOTA·MANEBIT. —Femme assise tenant une épée et une palme. A l'exergue : 1634.

7° Même droit que le n° 4. — ℞. CŒLO·NON·COLO. — Oiseau de paradis (?). A l'exergue : 1636.

8° Même droit que le n° 4. — ℞. NON·HOSTICVS·ENSIS. — Main mouvant d'une nue et tenant l'épée de grand écuyer. A l'exergue : 1638.

9° Même droit que le n° 4. — ℞. INVICTA·VINCIT·OMNIA·VIRTVS. — Victoire ailée assise, tenant une lance sans fer et un miroir ; à ses pieds, un trophée. A l'exergue : 1639.

10° Même droit que le n° 4. — ℞. REGIS·HVC·ME·CLEMENTIA·DVXIT. — Vaisseau voguant vers deux tours.

11° Même droit que le n° 4. — ℞. ET·ORIENS·SIC·DAT·SIGNA·CADENS. — Soleil levant au dessus de la mer.

12° Même droit que le n° 4. — ℞. VNDIQVE·FRVSTRA. — Rocher battu par la tempête.

13° Même droit que le n° 4. — ℞. SEMPER·DVRATVRA·MANEBIT. Foi au dessus d'un autel.

14° ROGER·DVC·DE·BELLEGARDE·PAIR·ET. — Ecusson comme au n° 4. ℞. — GRAND·ESCVYER·DE·FRANCE. — Epée, etc.

15° ROGER·DE·BELLEGARDE. — Ecusson armorié surmonté d'un casque de profil avec ses lambrequins et entouré des colliers de Saint-Michel et du Saint-Esprit. Même revers que le n° précédent.

16° H·RVZE·DEFFIAT·M·DE·5·MARS·G·ESCVY·DE·FR· — Ecusson armorié, surmonté d'une couronne de marquis et flanqué de deux épées de grand écuyer. — ℞. ORTV·SVA·LVMINA·MONSTRAT. — Soleil levant au dessus de la mer. A l'exergue : 1641. (V. pl. n° 20.)

17° Même droit que le n° précédent. — ℞. LVD·XIIII· D·G·FR·ET·NAV·REX. — Buste du roi.

18° HEN·DE·LORRAINE·COM·DE·HARCOVRT·C·D·ORD· D·ROY·G·ESC·D·FR. — Ecusson armorié entouré des colliers de Saint-Michel et du Saint-Esprit et surmonté d'une couronne ducale, d'où sort un casque de face; comme cimier, un aigle s'essorant; comme supports, deux aigles; le tout enveloppé du manteau de pair et soutenu de deux épées de Grand Ecuyer. — ℞. SOLI· IOVI. — Aigle tenant la foudre dans ses serres. A l'exergue : 1641.

19° H·DE·LORRAINE·C·DE·HARCOVRT·P·ET·GR. — Buste. — ℞. ESCVYER·DE·FRAN·ET·VICEROY·DE. CATAL. — Levrier au dessus duquel se trouve un listel chargé de la légende : FIDELIS·ET·AVDAX. A l'exergue : 1645.

20° (Louis-Charles de Lorraine, comte de Brienne.) Croix de Lorraine flanquée de deux épées de Grand Ecuyer. ℞. Monogramme formé de deux L et de deux CL. Octogone.

1294-1295 Roger, dit l'écuyer [1].
1295-1298 Pierre Gentien.
1298-1299 Denis de Melun et Jacques Gentien.
1299 Guillebaut.
1299-1314 Gilles Granches.
1316-1321 Guillaume Pisdœ.
1321-1325 JeanBataille.

---

1. En 1285, Roger était simple écuyer de Philippe le Bel.

1325-1330 Gilles de Clamart.
1330-1333 Philippes des Moustiers.
1333-1341 Oudart des Taules.
1341-1345 Henry de Lyenas.
1345-1353 Guillaume de Boncourt.
1353-1364 Guillaume de Champagne.
1364-1373 Martelet du Mesnil.
1373-1376 Trouillart de Caffort.
1376-1397 Collart de Tanques.
1397-1399 Robert de Montdoucet.
1399-1411 Philippes de Giresme [1].
1411-1412 Jean de Kaërnicn.
1413-1418 Jean de Dicy.
1418-1420 André de Toulonjeon.
1420 Huet de Corbie.
1417-1419 Hugues de Noé [2].
1425 Jean du Cigne.
1419-1425 Pierre Frotier.
1425-1427 Jean du Vernet.
1429-1454 Jean Poton de Xaintrailles.
1454-1461 Tanneguy du Chatel.
1461-1466 Jean de Guarguessalle.
1465-1470 Charles de Bigny [3].
1470-1483 Alain Goyon [4].
1483-1505 Pierre d'Urfé.
1505-1524 Galeas de Saint-Severin.
1524-1546 Jacques de Genouillac.
'1546-1560 Claude Gouffier.
'1570-1582 Leonor Chabot.

---

1. Dépossédé de sa charge en 1411, il y fut rétabli en 1412.

2. Maître de l'Ecurie du dauphin Charles.

3. Ce personnage est encore qualifié de grand-maître de l'Ecurie dans des quittances de 1478 et 1483.

4. Il fut continué par Charles VIII dans sa charge ; ce fut probablement d'une façon honoraire.

1582-1588 Charles de Lorraine, duc d'Elbeuf.
1588-1620 Roger de Saint-Lary.
1620-1621 César-Auguste de Saint-Lary.
*1621-1639 Roger de Saint-Lary de Bellegarde.
*1639-1642 Henri Coeflier de Ruzé, marquis de Cinq-Mars.
*1643-1658 (?) Henry de Lorraine.
1658-1677 (?) Louis de Lorraine.
1677-1712 Henri II de Lorraine.
1712-1751 Charles de Lorraine.
*1751-1761 Le comte de Brionne.
1761-1789 Charles-Eugène de Lorraine.

Ecuyers.

Nous connaissons trois jetons des officiers inférieurs placés sous les ordres du Grand Ecuyer. En voici la description :

1° CHARLES · DV · PLESSEIS · PREMIER · ESCVIER . — Ecusson armoirié. — ℞. SEMPER·IN·EXCVBIIS.. — Cigogne avec sa vigilance. (V. pl. n° 19.)

2° P·DE·MIRAVLMONT·ESCVYER·DV·ROY. — Ecusson armorié. — ℞. IN·SPEM·CONTRA·SPEM·1603. — Rocher. (V. pl. n° 24.)

3° DENISC · CÔSEILLÊ · DV· ROY CÔTRÊ·D·SÔ·ESCVIRIE (contreroleur). — Écusson armorié dans une couronne de laurier. Revers du n° 1 des jetons des grands écuyers. (V. pl. n° 22.)

GRANDS VENEURS.

1° ✝ CL · DE · LORRAINE · DVC · DAVMALLE · PAIR · GRᴰ · VENEᴿ·D·FR·ET·GOᴿ·DE·BOVRᴱ. — Ecusson armorié surmonté d'une couronne ducale et entouré du collier de Saint-Michel. — ℞. AVT·VINCERE·AVT·VINCI. — Palmier entre deux vases. A l'exergue : 1573.

2° Ecusson aux armes de Louis de La Rochefoucauld, surmonté d'une couronne ducale d'où sort une Mélusine et entouré des colliers de Saint-Michel et du Saint-Esprit ; le tout enveloppé du manteau de pair. — ℞. Dans le champ : GRAND· | MAISTRE· | DE·LA· | GARDEROBE· | DV·ROY· | ET·GRAND· | VENEUR· | DE·FRANCE.

Plusieurs jetons du xiiie et du xive siècle se rapportent au service de la Vénerie. Ils représentent en général des animaux : un cerf, un léopard, un sanglier, un écureuil, un chien de chasse, etc. Au revers, une fleur de lis.

Au xviie et au xviiie siècle certains jetons font allusion aux chasses royales. En 1671, au revers de l'effigie royale se trouve un cerf poursuivi par des chiens. Peut-être pourrait-on attribuer aux chasses un jeton de 1725 dont le revers est le suivant : ET·HABET·SVA·CASTRA·DIANA. — Trophée de chasse entouré de quatre chiens.

Une capitainerie et *un bailliage* avaient été créés au xviie siècle pour diriger et régler les chasses royales.

SUNT·ET·HIC·ORACVLA·DIVUM. — Chêne. — ℞. Dans le champ : BAIL[ge]·ET·CAPITAINERIE·DES·CHASSES·DU· ROY·EN·LA·VARENNE·DU·LOUVRE.

Grand louvetier.

On voit le titre de Grand Louvetier sur un jeton d'alliance d'Agesilan Gaston de Grossolles, marquis de Flamarens, qui avait épousé Agnès de Beauveau.

Cartouche surmonté d'une couronne ducale et chargé de deux écussons en bannière, l'un aux armes de Grossolles et l'autre aux armes de Beauvau. — ℞. Dans le champ : AGESILAN | GASTON·DE | GROSSOLLES·MARQUIS | DE· FLAMARENS | GRAND·LOUVETIER | DE·FRANCE·ET· ANNE | AGNES·DE·BEAUVAU | SA·FEMME | 1741. — Octogone.

Maître des cérémonies.

Un officier inférieur était placé sous les ordres du Grand Maître des cérémonies, c'était le Maître des cérémonies.

I BAB · ET · N · SAINCTOT · MAISTRE · ET · AYDE · DES · CÉRÉMONIES. — Ecusson armorié surmonté d'un casque de profil, avec ses lambrequins. — ℞. PLACATI·DANT· SIGNA·IOVIS. — Navire. A l'exergue : 1649.

BATIMENTS DU ROY.

C'est au règne de Charles VI que nous croyons pouvoir attribuer deux jetons fort curieux, le n° 2 en particulier, qui font partie de la collection de feu M. d'Affry de la Monnoye.

1° + IE·SVI·DES·OEUVRES. — Ecusson aux armes de France dans un entourage de trois arcs de cercle et de trois angles alternés. — ℞. Tête couronnée du roi dans un entourage de huit arcs de cercle, à la jonction desquels se voit une fleur de lis (sauf pour les deux qui se trouvent au dessus de la tête royale).

2° Même droit que le n° 1. — ℞. + : DV : PALES·LE : ROY. — Façade du Palais[1].

Ce jeton est le plus ancien qui représente un monument du vieux Paris.

Nous ignorons s'il fut frappé dans le courant du xv⁰ et du xvi⁰ siècle des jetons pour les Bâtiments du roi : nous ne les voyons réapparaître qu'au xvii⁰ siècle. Tous portent en général au droit l'effigie et la légende royales.

Sous Louis XIII, il semble que l'on ait négligé, à dessein, d'en faire graver chaque année. En effet, on s'est

---

1. Actuellement le Palais de Justice.

servi d'un même coin de revers, celui de 1624, pour frapper trois jetons à différentes époques de ce règne. L'un porte le buste jeune de Louis XIII avec la légende : *Vultu quo cœlum* ; un second nous montre le roi barbu accompagné de la légende royale ; ce coin a dû être gravé après 1632 ; un troisième enfin, quelque peu postérieur, porte la même légende que le premier.

Dans la série de ces jetons, nous voyons, sur trois d'entre eux, les mots : *Aedificia regia* ou *Batimens du roi*, remplacés à l'exergue du revers en 1687 par : *Orangerie de Versailles ;* en 1689 par : *Trianon*, et en 1703 par : *Sacellum Meud* (chapelle de Meudon.)

LOUIS XIII.

1624 GAUDET·SVB·PONDERE·TELLVS. — Façade du Louvre.

1632 VBERIORA·RECONDIT. — Fontaine à vasques superposées.

1633 V. 1632.

LOUIS XIV.

1662 SILEANT·MIRACVLA. — Le Louvre en construction.

1663 SVO·SE·PONDERE·FIRMAT. — Arc en pierre[1].

1664 ÆTERNVM · MEDITANS · DECVS. — Façade du Louvre.

1664 ÆTERNVM·MEDITANS·DECVS. — Plan du Louvre.

1665 NIL·MORTALE·CANAM. — Renommée sur le fronton du Louvre.

1666 NOBIS·DECOR·OMNIS·AB·ILLO. — Soleil au milieu du zodiaque.

1667 PARIT·ORDO·DECOREM. — Le Louvre en construction.

---

1. Il existe un jeton portant la date 1663, mais avec la légende et le type de 1662 ; il ne porte pas à l'exergue du revers l'indication du service pour lequel il a été frappé.

1668 PVGNAT·ET·EXCITAT·ARTES. — Minerve tenant
une lance et les attributs des arts ; à ses pieds, l'égide
et la chouette.

1669 A·RECTO·NVNQUAM·DEFLECTIT. — Au dessus
d'un pilastre, dextrochère tenant un fil à plomb.

1670 FACIT·HÆC·MIRACVLA·LVDENS. — Amphion
jouant du violon et faisant remuer les pierres.

1671 MENS·AGITAT·MOLEM. — Grue soulevant une pierre.

1672 NVLLA·ASTRIS·PROPIOR·SEDES. — Aigle dans son
aire en haut d'un arbre.

1673 SOLIS·OPVS. — Arc en ciel.

1674 NEC·PONDVS·OBSTITIT. — Façade du Louvre.

1675 SOLIS·OPVS. — Arc en ciel.

1676 ORNAT·ET·IRRIGAT. — Fontaine à vasques superposées.

1678 FERVET·OPVS·NEC·BELLA·MORANTVR. — Abeilles
autour d'une ruche.

1679 Voir 1676.

1679 PACE·DATA·ÆDIFICAT. — Alcyon faisant son nid au
milieu de la mer.

1680 Voir 1673.

1680 ARGVIT·AVTHOREM·SPLENDOR. — Diamant.

1681 DOMOS·NON·AD·OTIA. — Aigle bâtissant son nid sur
un rocher.

1682 DECVS·ADIICIT·HOSPES. — Soleil rayonnant
entouré du zodiaque.

1682 TE·TOTO·ORBE·SEQVEMVR. — Soleil au dessus de
trois vaisseaux en mer [1].

1683 NEC·CESSAT·LVSTRARE·ORBEM. — Apollon debout,
appuyant sa lyre sur un pilastre et dirigeant la
construction d'un édifice.

1684 VICTIS·HOSTIBVS·VICIT·NATVRAM. — Machine de
Marly.

---

[1]. Ce type se trouve dans l'écusson armorié que l'on voit sur les jetons
attribués à la corporation des Merciers.

1685 ATTOLLIT·FVLMINA·MONTES·DEPRIMIT. — Aque-
duc de Maintenon en construction.

1686 PROFANA·DIRVIT·SANCTA·ÆDIFICAT. — Eglise
bâtie près des ruines d'un temple protestant.

1687 CONJVRATOS·RIDET·AQVILONES.—L'orangerie de
Versailles.

1688 AD·NVTVM·ASSVRGVNT. — Jet d'eau au milieu
d'un parterre.

1689 CELERITATE·ET·MAGNIFICENTIA. — Façade de
Trianon.

1690 INGENIO·CEDIT·PONDVS. — Près d'un édifice en
construction, deux chevaux faisant marcher une
machine.

1691 ÆQVAT·PIETATE·TRIVMPHOS. — Façade de l'Hôtel
des Invalides.

1692 INSTAT·NVNC·TOTA·TRIVMPHIS. — Minerve près
d'un édifice en construction.

1693 TIBI . MAGNE · TROPHÆA · QVANTA · PARANT. —
Minerve assise prenant avec un compas, sur un plan,
la mesure d'une statue équestre du roi.

1694 SÆCLIS·DECORA·ALTA·FVTVRIS. — Porte Saint-
Denis.

1695 HOSTESQVE·ARCET · DVM · LVDIT · IN·HORTIS. —
Reine des abeilles au dessus d'une ruche chassant des
frélons ; dans le fond du champ, le château de Marly.

1696 ARMIS·NVNC·TOTA. — Minerve armée de son égide
et de sa lance ; à ses pieds, attributs des arts.

1697 ET·SVNT·OTIA·DIVIS. — Massue d'Hercule, arc et
peau du lion de Némée, contre un mur.

1698 HOC · PACES · HABVERE · BONÆ. — Minerve faisant
poser un vase sur la balustrade d'une terrasse.

1699 VETERES·REVOCABIT·ARTES. — Minerve déposant
ses armes au pied d'un arbre.

1700 PIETAS·ET·MAGNIFICENTIA. — Chapelle de Versailles.

1701 PLACIDA·HIC·LABORIBVS·OTIA·MISCET. — Château et parc de Marly.

1702 SIC·SOLVIT·VOTA·PARENTIS. — Maître-autel de Notre-Dame [1].

1703 PIETATIS·INCREMENTVM. — Chapelle de Meudon.

1704 ETBELLANS·ALIT·ARTES· — Les Arts représentés par trois femmes dont l'une tient le portrait du roi posé sur un piédestal.

1705 ET·COELVM·ET·TERRAS·SPECTAT. — Globe céleste et globe terrestre; au dessus : Soleil rayonnant; au dessous : GLOBES·POSES·A·MALRI (*sic*).

1706 SERVAT·ET·ORNAT. — Les bassins de Neptune du parc de Versailles.

1707 VOVI·DEO·EXERCITVVM. — Hôtel des Invalides.

1708 TVTELA·ET·ORNAMENTVM. — Chapelle de Versailles.

1709 TALI·HOSPICE·GAVDENT. — Minerve tenant une lance d'une main et s'appuyant de l'autre sur son égide; à ses pieds, les attributs des arts.

1710 QVOD·RESPICIT·ORNAT. — Soleil au dessus d'un arc-en-ciel.

1711 NON·OPIBVS·PARCIT·PIETAS. — Encensoir sur un autel.

1712 GRAVIBVS·SOLATIA·CVRIS. Minerve tenant une équerre; à ses pieds, des instruments de jardinage.

1713 AD·NVTVM·EDVCIT·IN·AVRAS. — Amphion construisant un édifice aux sons de sa lyre.

1714 ILLVSTRAT·SVPERVM·DOMOS. — Soleil au milieu du Zodiaque.

1715 VT·PROSIT·ET·ORNAT· — La Samaritaine.

S. d. Voir les jetons de 1665; 1666; 1670; 1673; 1676; 1681; 1682; 1688; 1691; 1697; 1698; 1699.

---

1. Ce maître-autel est l'œuvre de Coustou le jeune.

LOUIS XV.

1715 VT·PROSIT·ET·ORNAT· — La Samaritaine.

1717 ASPECTU·PROPIORE·NITET. — Soleil éclairant le Louvre.

1720 QUID·NON·ARTE·VALET. — Caducée devant le château de la Muette.

1721 DOMUS·HOSPITE·DIGNA. — Zodiaque; au dessous, le Soleil éclairant le Palais-Royal.

1722 SIC·PACEM·IMPENDISSE·JUVAT. — Minerve tenant une équerre et s'appuyant sur son égide; à ses pieds, les attributs de l'architecture.

1723. NUNC·QUOQUE·REGIA·SOLIS. — Château de Versailles.

1724 SAXA·AURITA·MOVENTUR. — Amphion bâtissant la ville de Thèbes aux sons de sa lyre.

1725 MUTANT·FACIES·SEMPERQUE·DECENTER. — Règles, compas et équerre posés l'un sur l'autre.

1726 COLIT·QUAS·EXCITAT·ARTES. — Minerve assise et entourée des instruments de l'imprimerie.

1727 INSTANT·OPERI. — Ruche entourée d'abeilles butinant.

1728 NON·DESUNT·DONA·MINERVÆ. — Attributs des Arts.

1729 NUNTIA·RECTI. — Règles et compas posés l'un sur l'autre.

1730 NATURA·MICAT·ET·ARTE. — Diamant dans un anneau.

1731 NATURÆ·ARS·ÆMULA. — Ruche ouverte laissant voir les cellules des abeilles.

1732 NON·INDECORA·QUIES. — Génie des Arts assis sur la base d'une colonne contre laquelle il est appuyé montrant les attributs de l'architecture attachés à un olivier.

1733 LENIMEN·DULCE·LABORUM. — Lyre.

1734 AD·UTRUMQUE·PARATA. — Minerve tenant une lance et une équerre.

1735 PRISCI·NON·OBLITA·DECORIS. — Minerve appuyée contre un obélisque et montrant des bâtiments en construction.

1736 SPLENDORIS·IMAGO. — Miroir reflétant les rayons du soleil.

1737. ILLUSTRAT·SUPERUM·DOMOS. — Soleil au milieu du Zodiaque.

1738 IDEM·RERUM·MODERATUR·HABENAS. — Apollon tenant une équerre et une lyre; à ses pieds, les attributs des Arts.

1739 URGET·PRESENTIA·REGIS. — Reine des abeilles au dessus d'une ruche entourée de tout l'essaim.

1740 PLACIDAS·UT·REVOCET·ARTES. — Minerve assise et quittant son égide pour prendre un compas; à ses pieds, les attributs des Arts.

1741 INQUASCUNQUE·VOLET·FORMAS. — Circé tenant une baguette et montrant des bâtiments dans le lointain.

1742 LABOR·OMNIA·VINCIT. — Trois Amours taillant des colonnes; à gauche, statue équestre.

1743 IDEM·SEMPER·HONOS. — Génie de l'Architecture entouré de bâtiments et tenant un fil à plomb.

1744 FORTIOR·QUO·RECTIOR. — Niveau.

1745 ET·BELLANS·COLIT·ARTES. — Minerve entourée de matériaux destinés au château de Choisy-le-Roi en construction.

1746 PONDERE·TUTA·SUO·STAT. — Colonne élevée sur une base.

1747 CONSOCIARE·AMAT. — Minerve tenant d'une main sa lance et de l'autre un niveau; à ses pieds, les attributs de l'Architecture.

1748 MOVET·ARTE·MAGISTRA. — Amphion élevant les murs de Thèbes aux sons de sa lyre.

1749 AVIDÆ·CONJUNGERE·DEXTRAS. — La Paix et Minerve se donnant la main[1].

1750 PLACIDA·POST·FULMINA·CURA. — Aigle construisant son aire sur un rocher.

1751 DECUS·ADDITUR·ARTE. — Compas sur un bloc de marbre.

1752 MOLITUR·GRANDIA. — Minerve assise, le coude appuyé sur une table et regardant un plan.

1753 SPLENDOR·AB·HOSPITE. — Soleil entouré du Zodiaque.

1754 EN·TIBI. — La Muse de l'architecture tenant d'une main une équerre et un compas et présentant au dieu Mars le plan de l'Ecole militaire.

1755 CONDIT·QUAS·INCOLET·ÆDES. — Minerve tenant d'une main son égide et de l'autre des instruments d'architecture; dans le lointain, un bâtiment en construction.

1756 MOX·HOSPITE·DIGNA. — Façade du Louvre en réparation.

1757 UTRIQUE·INTENTA. — Devant le Louvre en construction, Minerve assise sur un pilier tenant une lance et une équerre.

1758 ET·HIS·QUOQUE·VINCIMUS·ARMIS. — Trophée composé des instruments des trois arts : architecture, peinture et sculpture.

LOUIS XVI.

S. d. QUID·NON·ARTE·VALET. — Caducée ailé au dessus d'un parterre.

Voir le jeton de 1756.

Nous connaissons plusieurs jetons sur lesquels se trouve le nom de certaines résidences royales. Nous citerons les suivants pour le règne de Louis XIV.

---

1. Paix d'Aix-la-Chapelle.

1° LVDOVICVS·MAGNVS·REX·CHRISTIANISS. — Tête du Roi. — ℞. Dans le champ : IETON | DE | MARLY | 1692.

2° Même droit que le jeton précédent. — ℞. Dans le champ : IETON | DE | TRIANON | 1692.

3° Même droit que le n° 1. — ℞. Dans le champ : IETON | DE | VERSAILLES | 1692.

Sous Louis XV furent frappés le n° 4 et le n° 5; nous croyons pouvoir attribuer ce dernier à l'Orangerie de Versailles.

4° LVD·XV·REX·CHRISTIANISS. — Buste du roi. ℞. Dans une couronne de laurier : JETTON | DE LA | MUETTE | 1735.

5° Orangers en caisse. A l'exergue : HORTUS | HESPE-RIDUM. — ℞. Panier rempli d'oranges; au dessus : CVLTORI | AUREA·POMA. — Octogone.

SURINTENDANTS PUIS DIRECTEURS DES BATIMENTS.

1° Cartouche armorié, surmonté d'une couronne de comte. — ℞. Dans le champ : IULE | HARDOUIN.MAN-SART | COMTE·DE·SAGONNE | SURINTENDANT | DES· BASTIMENS | DU·ROY | 1699.

2° L·HARDOUIN·MANSART·COM·SAG·S·REG·ÆD·FR.— Buste de Mansart; au dessous : 1701. — ℞. Comme le droit du n° 1. (V. pl. n° 25.)

3° Cartouche armorié, surmonté d'une couronne de comte; comme supports, deux hommes nus armés chacun d'une massue. — ℞. Dans le champ : CHARLES | FRANCOIS·PAUL | LE NORMANT·DE | TOURNEHEM | DIRECTEUR·GENERAL | DES·BASTIMENS·DU·ROY | JAR-DINS·ARTS·ET | MANUFACTURES | EN·DECEMBRE | 1745. — Octogone.

1593 Nicolas de Harlay.

1601 Jacques de Fourcy.

1608 Maximilien I de Bethune.

1618 Maximilien II de Bethune.

1638-1643 François Sublet.

1643 Etienne le Camus.

1660-1664 N. Ratabon.

1664-1683 Jean-Baptiste Colbert.

1683-1691 François-Michel le Tellier.

1691-1699 Edouard Colbert.

*1699-1708 Jules Hardouin Mansart.

1708-1736 Louis-Antoine de Pardaillan de Gondrin [1].

1737-1745 Philibert Orry.

*1745-1751 Charles-François-Paul le Normant.

1751 Abel-François Poisson.

Trésorier général des Bâtiments.

(xviiᵉ siècle). CAR·MANESSIER·ÆDIF·REG·QUESTOR.
GENER. — Ecusson armorié, surmonté d'un casque de
face avec ses lambrequins; comme supports deux léo-
pards. — ℞. Dans le champ : AVT·MORS | AVT·VITA |
DECORA. (V. pl., n° 26.)

ARGENTERIE.

Sur les trois premiers jetons dont nous décrivons les
revers, le type du droit se compose d'un écusson couronné
aux armes de France, entouré du collier de Saint-Michel,
avec la légende : DE·LARGENTERIE·DV·ROY. A partir de
1613, l'écusson est entouré des colliers de Saint-Michel et
du Saint-Esprit; la légende se simplifie : ARGENTERIE.
DV·ROY. — Les deux écussons accolés de France et de
Navarre apparaissent sur les jetons en 1619. En 1693 et

---

1. La charge avait été supprimée en 1708 et rétablie en 1716. En 1726,
elle fut supprimée pour la seconde fois. L'officier chargé de la haute direction des Bâtiments du Roy prit, à la suite de cette suppression, le titre de
Directeur des Bâtiments, jardins, arts, manufactures, etc.

1727, l'effigie et la légende royales ont remplacé au droit le type précédent. C'est à l'exergue du revers que se lit la légende : ARGENTERIE en 1693 et ARGENTERIE·DV· ROY. en 1727.

1580. EGET·ARTE·REGENTIS Mercure tenant son caducée et conduisant un homme qui tient une bourse.

1581. ARGENTVM·VERTET·IN·AVRVM. — Faulx et épées dans un bassin posé sur un socle (?).

1583 ARGENTEA·PALLADIS·ÆTAS. — Pluie d'argent tombant sur un guerrier à mi-corps au milieu de la mer, tenant un bouclier et une hallebarde tortillée d'une branche de laurier.

1613 EX·OMNIBVS·VNVM. — Rosée tombant sur un lis entouré de roses.

1614 OCCASVS·ÆQVAT·ET·ORTVS. — Les deux hémisphères ; au dessus, une balance dans les nuages.

1615 INVITAT·PRETIIS·ANIMOS. — Au milieu d'un paysage, un bâton en pal tortillé de deux palmes. (V. pl. n° 27.)

1616 ARGENTVM·TRANSIT·IN·AVRVM. — Main sortant des nuages et tenant une couronne royale au dessus d'un lis à trois fleurs.

1619 FAVET·SORS·FORTIBVS·AVSIS· — Au milieu d'un paysage, la Fortune sur un globe ailé ; un lion se jette sur elle.

1622 POTIOR·MIHI·FAMA. — Tour entourée de nuages.

1622 SIC·CONTERET·VNDIQVE·TECTOS. — Aigle tenant la foudre dans ses serres et volant au dessus d'un rocher s'élevant au milieu de la mer.

1632 NE·OFFICIANT. — Main armée d'une faucille coupant les mauvaises herbes qui entourent des lis.

1633 DISSITA·IVNGIT·AMOR. — Couronne de laurier au dessus d'un rocher sur lequel poussent des roses, deux chênes et un laurier·

1633 HVIC·QVI·VEHET· — ALTIVS·ILLAM. — Trois Tri-
tons élevant un navire en l'air.
1693 NEC·PVLRIBVS·IMPAR. — Soleil.
1702 QVAM·VARIO·SPLENDORE·MICAT. — Arc-en-ciel.
1727 MUTAT·FACIES·SEMPER·QUE·DECENTER. — Ver-
tumne et Pomone.

Argentiers.

1° + A·DV·BOIS·CÔSEILLER·ET·ARGEÑ.DV·ROY. —
Ecusson armorié. — ℞ MAGNA·OPERA·DOMINI. — Salamandre au pied de la lettre F.

2° + IEHAN·TESTV·CÔSEILLIER·ET·ARGENTIER. —
Ecusson flanqué de deux monogrammes composés des
lettres I·H·T. — ℞ DV·ROY·FRANCOIS.PREMIER·DE·
CE·N· — Ecusson aux armes de France, surmonté d'une
couronne royale et flanqué, à dextre, de la lettre F, et à
senestre, d'une salamandre. (V. pl. n° 28.)

3° IACQˢ·PRVNIER·CŌTROLᴿ·DE·LARGĒTERIE·D·R·
— Ecusson armorié avec ses courroies. — ℞ NIL·NISI·CON-
SVLIO. — Trois fleurs de lis dans un entourage formé de
trois croissants aboutés et surmonté d'une couronne
royale. (V. pl. n° 29.)

Menus plaisirs.

La légende principale de tous ces jetons ne change pas
jusqu'en 1758 inclusivement. MENVS·PLAISIRS·DU·ROY.
Tantôt cette légende se trouve au droit du jeton, accom-
pagnant les deux écussons accolés de France et de
Navarre entourés des colliers de Saint-Michel et du
Saint-Esprit, comme sous le règne de Louis XIII; tantôt
elle se voit avec un seul écusson aux armes de France,
entouré des colliers des ordres comme en 1655 et 1656;
tantôt enfin, elle passe à l'exergue du revers pour faire
place à l'effigie et à la légende royales. C'est ce qui a lieu
à partir de 1691.

LOUIS XIII.

1619 SVSCITARE·QVIS·AVDEBIT. — Lion couché tenant une épée et une balance. (V. pl. n° 30).

1621 SAGACITATE·ET·FIDE. — Chien couché sur un coffre fermé à clef.

S. d. AMOR·POPVLI·DIVITIÆ·DOMINI. — Sceptre couronné posé en pal ; de chaque côté, un Amour vide un sac d'argent.

LOUIS XIV.

1654 MINOR·EST·QVE·FVLMINA.GESTAT. — Aigle enlevant Ganymède.

1655 Voir 1654.

1691 FVLMEN·MERVERE·SECVNDVM. — Titans foudroyés.

LOUIS XV.

1756 CONCESSA·VOLUPTAS. — Deux Amours jouant, l'un de la flûte, l'autre du violoncelle ; un autre Amour mettant un masque. Instruments de musique à terre.

1757 LUDOS·ET·SERIA·CURAT. — Amour tenant deux couronnes de laurier.

1758 PLACET·EMPTA·LABORE·VOLUPTAS. — Deux Amours soulevant une guirlande de fleurs.

Trésorier des menus plaisirs.

M^{RE} MAVRICE.DV·MAY·TRESORIER.DES·MENVS &. — Ecusson armorié, surmonté d'un casque de face avec ses lambrequins ; comme cimier, une tête de griffon ; comme supports, deux griffons. — ℟ PECVLIVM·REGIVM. — Cassette fleurdelisée posée sur une table couverte d'un tapis fleurdelisé. A l'exergue, 1678.

Argenterie et menus plaisirs.

Au droit du jeton suivant se trouve le type royal; à l'exergue du revers, la légende relative à ce service. Il en est de même pour les jetons des *Menus plaisirs et affaires de la Chambre.*

1755 LÆTITIÆ·LACRIMÆQVE·DECORÆ. — Melpomène, Terpsichore et Thalie assises l'une à côté de l'autre.

Menus plaisirs et affaires de la Chambre.

1693 Sans légende. — Soleil rayonnant.
1703 REX·NOBIS·HEC·OTIA·FECIT. — Femme et enfants jouant de divers instruments.
1716 DAT·VERTERE·SERIA·LUDO. — Apollon jouant de la lyre; à ses pieds, des instruments de musique et de mathématiques.
1739 SVPERIS·NON·GRATIOR·USUS. — Encens brûlant dans un vase posé sur un trépied.
1746 VICTORIS.OTIA.FALLUNT. — Salle de spectacle.
1747 VICTORIS·OTIA·FALLUNT. — Femmes et enfants jouant de divers instruments.

Secrétaires de la Chambre.

(XVIe SIÈCLE.)

1° M^E F· DE·VIGNY.SEC^E ·DE·LA·CHAMBRE·DU·ROY. — Ecusson armorié. — ℞ ET·REP^R [1] DE.LA.VILLE.DE PARIS. — Cœur entouré d'un lacs d'amour. En double légende : LAMANTE.LE LIE.

2° M·HECTOR·GEDOYN·SECRETAIRE·DE·LA·CHAMBRE.DV.ROY. — Ecusson armorié dans une couronne de laurier. — ℞ FLVCTVAT.NEC.MERGITVR. — Vaisseau. A l'exergue : LVTETIA.

---

1. Receveur.

Garde-robe.

MM. Rouyer et Hucher ont décrit à la page 173 de leur *Histoire du jeton*, deux pièces de facture anglaise, frappées par la Garde-robe du roi d'Angleterre, Edouard III ; ces jetons, malgré leurs légendes françaises, ne rentrent pas dans notre travail.

C'est au règne de Louis XIV que doivent être classés les deux numéros suivants.

1° JETTON · DE · LA · GARDE · ROBE · DV · ROY. — Deux L opposées et enlacées. — ℞ Comme le droit.

2° JETTON · DE · LA · GARDE · ROBE en quatre lignes. — ℞ Un dauphin. (V. pl., n° 31.)

3° Ecusson armorié, surmonté d'une couronne ducale d'où sort une Mélusine et entouré des colliers des ordres, le tout enveloppé du manteau de pair. — ℞ Dans le champ : L · ARM · FR | DE · LA | ROCHEFOUCAULD | DUC · DESTISSAC | CH^ER · DES · ORDRES · DU · ROI | G^D · M^RE DE · SA · GARDE · ROBE | BRIG^ER DE · SES · ARMEES | GOU^R DES · V^LE · ET · CIT^LE | DE · BAPAUME | 1759.

MAISON MILITAIRE.

Infanterie.

1° F · BESSON · ESC^R A^NT CAP^NE EN^GNE DOYEN · D · O^ES D · R · N · EN. (escuyer, ancient capitaine, enseigne, doyen des ordres du roi.) — Ecusson armorié, surmonté d'un casque de trois quarts avec ses lambrequins ; comme cimier, une fleur de lis ; au dessous de l'écusson, une canne et une épée passées en sautoir. — ℞ LA · C^GNIE · D · CENT · G^DES · SVIS^ES · O^ES · D · C^S · D · S · M · VETERAN · 1665. (La compagnie des cent gardes suisses ordinaires du corps de sa majesté.) — Drapeau armorié dont la hampe est sommée d'une fleur de lis : écartelé d'azur et de gueules à la croix d'argent. Aux 1er et 4e cantons chargés de la lettre L couronnée d'or derrière laquelle sont passés en sautoir le

sceptre et la main de justice, de même liés par un ruban
de gueules ; les 2e et 3e cantons chargés d'un rocher d'or
battu par une mer d'argent ombrée de sinople et par 4
vents placés aux quatre angles du canton. Le drapeau est
cotoyé et surmonté de la légende : EA·EST.FIDVCIA.
GENTIS. Sous le drapeau : TELLE·EST·LA·FIDELLI | TE·
DE·LA·NATION·DVFOVR. (nom du graveur.)

2° F·BESSON ·ES^{er}·AT. ·C^{re}·D·G^{ues}·CAP^{ne}· DER^{er}·VNIQ.
ENSEIG·D·C·S·DV·ROY. (Enseigne des compagnies
suisses.) — ℞ EN·SERVANT·IE·ME·CONSVMME. — Lampe
allumée sur une table. A l'exergue : 1673.

3° Ecusson armorié, surmonté d'une couronne ducale
et entouré des colliers de Saint-Michel et du Saint-Esprit
et de la Toison d'or ; le tout enveloppé du manteau de
pair ; derrière l'écusson, sept drapeaux posés en sautoir.
— ℞ Dans le champ : ET·FRAN | DVC· | DE·CHOISEUL |
PAIR·DE·FRANCE·CHEV·DES·ORDRES·DU·ROY | ET·
DE·LA·TOISON·D'OR | GOUV·DE·TOURAINE | COLONEL·
GENERAL | DES·SUISSES·ET·GRISONS | MIN·ET·SECRET·
D'ETAT | DE | LA·GUERRE·ET·DE | LA·MARINE | 1765. —
Octogone.

4° Ecusson armorié posé sur deux bâtons de maréchal,
surmonté d'une couronne ducale et entouré des colliers
de Saint-Michel et du Saint-Esprit ; comme supports, deux
griffons ; le tout enveloppé du manteau de pair derrière
lequel quatre drapeaux sont posés en sautoir. — ℞ Dans
le champ : LOUIS·ANTOINE | DE·GONTAUT | DVC·DE·
BIRON·PAIR | ET·MARECHAL·DE·FRANCE | CHEV·DES·
ORDRES·DU·ROY | COLONEL·DU·REGIMENT | DES·
GARDES·FRANCOISES. — Octogone.

5° INVIA·VIRTVTI·NULLA·EST·VIA. —Cartouche armorié, surmonté d'une couronne de comte et entouré des
colliers de Saint-Michel et du Saint-Esprit ; le tout soutenu
de deux branches de laurier. — ℞ Dans le champ : LOUIS·
AUG | COMTE·D'AFFRY | COLONEL | DES·GARDES·

SUISSES | CHEV^R · DES · ORDRES | DV · ROY | 1784. — Octogone.

Cavalerie.

6° A · I · DVC · DE · NOAILLES · P · ET · MAR · DE · FR. — Buste du maréchal. — ℞ P · CAP · DES · GARD · DV · CORPS · DV · ROY. VIC · DE · CATAL · 1694. — Ecusson armorié, surmonté d'une couronne ducale, posé sur deux bàtons de maréchal passés en sautoir, et entouré des colliers de Saint-Michel et du Saint-Esprit; le tout enveloppé du manteau de pair.

7° Ecusson armorié, surmonté d'une couronne et d'un chapeau de duc, posé sur deux bâtons de maréchal passés en sautoir et entouré des colliers de Saint-Michel et du Saint-Esprit; le tout enveloppé du manteau de pair. — ℞ Dans le champ : C^{LES}F^{çOIS} | DE · MONTMORENCY | LUXEMBOVRG · DUC · DE | LUXEMBOURG · MONTMO^{CY} | ET · DE‖ PINEY · PAIR · ET · M^{CHAL} | IER · BARON · ET · IER CH^{EN}DE · F^{CE} | CH^{ER}DES · ORDRES · DU · ROYC^{NE} | DES · G^{DES} DU · CORP · DE · SA · M^{TE} | ET · G^{EUR}DE · LA · P^{CE}DE · N^{DIE} | M · DCC · L · IX. —

8° LEO · LVXEMB · DVX · PIN · PAR · FR · VEL · REG · CVST · PRÆF· (Velitum regis custodiæ prefectus). — Le duc armé à cheval. A l'exergue : 1627. — ℞ GALLIS · ASTAT· IMPAVIDVS. — Ecusson armorié, surmonté d'une couronne ducale et entouré des colliers de Saint-Michel et du Saint-Esprit.

9° L · J · DE · MADAILLAN · ENS · DES · GENS · DARM · DU · ROY. — Ecusson armorié, surmonté d'une couronne ducale; comme supports, deux sauvages mouvant d'une console. A l'exergue : 1717. — ℞ QUO · JUBET · IRATUS. JUPITER. — Eclairs. A l'exergue, un sabre et un bouclier en sautoir.

TRÉSORERIE GÉNÉRALE DE LA MAISON.

1° LOUIS · XVI · ROI · DE · FRANCE · ET · DE · NAVARRE. — Tète du roi. — ℞ TRESORERIE · GENERALE · DE · LA · MAI-SON · DU · ROI. — Ecusson aux armes de France surmonté

d'une couronne royale et entouré des colliers de Saint-
Michel et du Saint-Esprit; comme supports, deux anges.
(V. pl. n° 21.)

2° LUDOV·XVI·REX·CHRISTIANIS.—Buste du Roi.—℞.
TRESORERIE·GENERALE·DE·LA·MAISON·DU·ROI.--Deux
L affrontées et enlacées; au dessus, une couronne royale.

3° LUD·XVI·REX·CHRISTIANISS. — Tête du roi. — ℞.
TRESORERIE·GENERALE·DES·DEPENSES·DIVERSES. —
Même type qu'au revers du n° 2.

ARMORIAL.

AFFRY. — Chevronné d'argent et de sable.

ALESSO. — D'azur, au sautoir d'or cantonné de quatre
limaçons d'argent.

AUMONT. — D'argent, au chevron de gueules accompapagné de sept merlettes du même : en chef, deux et
deux, et en pointe, un et deux.

BARENTIN. — D'azur, à trois faces ondées, la première
d'or et les deux autres d'argent, accompagné en chef de
trois étoiles d'or.

BEAUQUERRE. — Ecartelé, aux un et quatre d'azur, au
léopard d'or; aux deux et trois, de gueules à la croix
ancrée d'argent.

BEAUVAU. — D'argent, à quatre lions de gueules, armés,
lampassés et couronnés d'or.

BELLEGARDE. — Ecartelé, au premier, d'azur, au lion
d'or armé et lampassé de gueules (Saint-Lary); au deux,
d'or, à quatre pals de gueules (La Barthe), au trois de
gueules, au vase d'or (Orbesson); au quatre, d'azur, à trois
flammes ou fumées d'argent (Fumel); sur le tout d'azur,
à la cloche d'argent bataillée de sable (Legorsan).

BESSON. — D'argent, à la bande d'azur chargée d'une
fleur de lis d'or et accompagnée de deux lions de gueules.

BOIS (DU). — D'or, à trois clous ou chevilles de sable, au
chef d'azur chargé de trois aiglettes au vol abaissé d'or.

BOURBON-SOISSONS. — D'azur, à trois fleurs de lis d'or,

au bàton alésé de gueules en bande, et à la bordure du même.

Cartier (du) — Deux faces.

Chabot. — Ecartelé, aux un et quatre, d'or à trois chabots de gueules (Chabot) ; au deux, de Luxembourg ; au trois, de gueules à l'étoile à seize raies d'argent (Baux).

Choiseul. — D'azur, à la croix d'or cantonnée de vingt billettes du même, cinq dans chaque canton, deux, un et deux, et chargée en cœur d'une croix ancrée de gueules.

Concini. — Coupé d'un trait et parti de deux, ce qui fait six quartiers ; aux un et six, d'azur, au rocher de trois coupeaux d'or, sommé de trois panaches d'argent ; aux deux et quatre d'or, à l'aigle éployée de sable ; aux trois et cinq, d'argent, à trois chaînes de sable passées en sautoir.

Corbie. — Trois paniers, posés deux et un.

Denisc. — Chevron chargé en pointe d'une étoile et accompagné de trois croissants.

Dinteville. — Ecartelé, aux un et quatre, de sable, à deux léopards d'or ; aux deux et trois, de Choiseul.

Fleureteau. — Un écot chargé de trois oiseaux.

Fois-Candale. — Ecartelé, aux un et quatre, d'or à trois paux de gueules ; aux deux et trois, d'or à deux vaches de gueules accornées, accolées et clarinées d'azur.

Gedoyn. — D'azur, à l'étoile d'argent soutenue d'un besan d'or et cotoyé de deux épis de blé d'or, au chef d'or, chargé d'une rose de gueules.

Gilier. — D'or, au chevron d'azur accompagné de trois macles de gueules.

Gontaut. — Écartelé, d'or et de gueules ; l'écu en bannière.

Gouffier. — D'or, à trois jumelles de sable.

Grossolles. — D'or, au lion de gueules, issant d'une rivière d'argent, au chef d'azur chargé de trois étoiles du champ.

HESSELIN. — Écartelé, aux un et quatre de gueules, au griffon d'or (Cauchon); aux deux et trois d'or à deux faces d'azur, le tout chargé de quatorze croisettes fleuronnées de l'un et l'autre, posées quatre, quatre, trois, deux, un. (Hesselin.)

LANGLOYS. — Emmanché d'argent et de gueules, au chef d'azur chargé d'un aigle issant d'or.

LA ROCHEFOUCAULD. — Burelé d'argent et d'azur à trois chevrons de gueules brochant sur le tout; celui du chef ecimé.

LA TOUR. — Écartelé; aux un et quatre, d'azur, semé de fleurs de lis d'or, à la tour d'argent maçonnée de sable (La Tour); aux deux et trois, cotticé d'or de gueules (Turenne); sur le tout, d'or au gonfanon de gueules frangé de sinople (Auvergne).

LE NORMANT. — Écartelé, d'or et de gueules à quatre rocs d'échiquier de l'un et de l'autre; sur le tout d'azur, à une fleur de lis d'or.

LORRAINE. — Parti de trois traits, coupé d'un, qui font huit quartiers. Le premier, burelé d'argent et de gueules de huit pièces (Hongrie); le deuxième, d'azur, semé de fleurs de lis d'or sans nombre, brisé d'un lambel à trois pendants de gueules (Deux-Siciles); le troisième, d'argent, à la croix potencée d'or, cantonnée de quatre croisettes de même (Jérusalem); le quatrième, d'or, à quatre pals de gueules (Aragon); le cinquième, d'azur, semé de fleurs de lis d'or, à la bordure de gueules (Anjou); le sixième, d'azur, au lion contourné d'or, à double queue, armé, lampassé et couronné de gueules (Gueldres); le septième, d'or, au lion de sable, armé et lampassé de gueules (Juliers); le huitième, d'azur, semé de croix recroisetées au pied fiché d'or, à deux barbeaux adossés de même, brochant sur le tout (Bar.); sur le tout, d'or, à la bande de gueules chargée de trois alérions d'argent (Lorraine).

— Aumale. — Écartelé, aux un et quatre, de Lorraine-

Guise; aux deux et trois, de France, au bâton de gueules en bande (Bourbon-Condé).

— Guise. — De Lorraine, brisé d'un lambel à trois pendants de gueules.

— Mayenne. — Écartelé, aux un et quatre, de Lorraine-Guise; aux deux et trois, d'azur, à une aigle d'argent, couronné, becqué, et membré d'or (Ferrare) soutenu d'azur, à fleurs de lis d'or.

Luxembourg. — D'argent, au lion de gueules, armé et couronné d'or, lampassé d'azur.

Madaillan. — Écartelé, aux un et quatre, taillé d'or et de gueules (Madaillan); aux deux et trois, d'azur, à un lion d'or couronné de même (de l'Esparre).

Manessier. — Écartelé, aux un et quatre, d'argent, à trois hures de sanglier de sable; aux deux et trois, une escarboucle à huit rais.

Mansart. — D'azur, à la colonne d'argent, la base et le chapiteau d'or surmontée d'un soleil et accostée de deux aigles s'essorant, affrontés et fixant le soleil, le tout également d'or.

May (du). — Un arbre mouvant d'un croissant.

Mendoze. — Écartelé en sautoir, le chef et la pointe de sinople à deux bandes d'or remplies de gueules, flanqué d'or avec les paroles d'azur : AVE MARIA à dextre, et GRATIA PLENA à senestre.

Miraulmont. — Trois têtes de léopard, posées deux et un.

Montmorency. — D'or, à la croix de gueules cantonnée de seize alérions d'azur.

— Luxembourg. — De Montmorency, chargé en cœur de Luxembourg.

Moulin (du). — D'argent, à la croix ailée de sable.

Noailles. — De gueules, à la bande d'or.

Perron (du). — D'azur, au chevron d'argent accompapagné de trois harpes d'or.

Plesseis (du). — D'argent, à la croix engrelée de gueules

chargée de cinq coquilles d'or, au lambel à trois pendants d'azur.

Plesseys (du). — Une croix.

Plessis (du) de Richelieu. — D'argent, à trois chevrons de gueules.

Preaulx (de). — D'argent, au chef de sable, au lion de gueules, brochant sur le tout.

Prunier. — De gueules, à une tour d'argent sommée d'une tourelle de même et accompagnée de trois croisettes.

Quillerier. — Un lion au chef chargé de deux oiseaux se regardant.

Ruzé d'Effiat. — De gueules, au chevron fascé ondé d'argent et d'azur de six pièces, accompagné de trois lions d'or.

Sainctot. — D'or, à la fasce d'azur chargée d'une fleur de lis d'or accompagnée de deux roses de gueules en chef et d'une tête de Maure au tortil d'argent en pointe.

Saint-Aulaire. — De gueules, à trois couples de chiens posés en pal d'argent; les attaches d'or.

Saint-Gelays. — Écartelé, aux un et quatre d'azur, à la croix d'argent; aux deux et trois, d'argent, au lion de gueules couronné d'or.

Savoie. — De gueules, à la croix d'argent.

Souvré. — D'azur, à cinq cotices d'or.

Strozzi. — D'or, à la fasce de gueules, chargée de trois croissants tournés d'argent.

Testu. — D'or, à trois léopards de sable, l'un sur l'autre, celui du milieu contourné.

Verdier (du). — Une fasce ondée accompagnée de trois éperviers; brisé d'un lambel à trois pendants.

Vigny. — Écartelé, au un, d'azur, à la fasce d'or accompagnée en chef d'une merlette de même et en pointe d'une merlette également d'or, flanquée de deux coquilles d'argent (de Vigny); au deuxième, d'argent, au chevron d'azur, chargé de trois étoiles à six rais d'or, au chef de gueules, chargé de trois étoiles rangées d'or (Lallemand); au trois, trois lions ; au quatre, d'argent, au chevron d'azur, accompagné de trois flammes de gueules, au chef de même chargé d'un lion léopardé d'or (Feu).

Wicardel. — Un chevron accompagné en chef de deux roses et en pointe d'une rose surmontée d'un croissant.

Fernand MAZEROLLE.

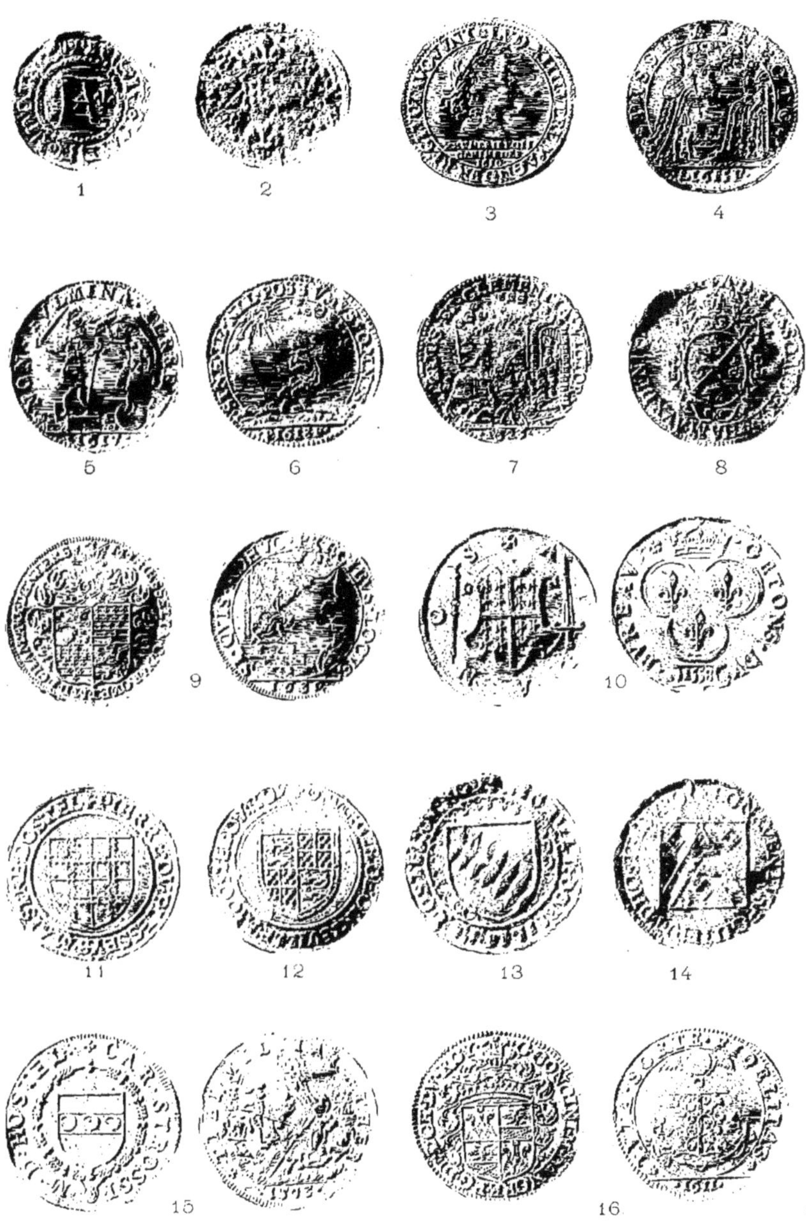

JETONS DE LA MAISON DU ROI

JETONS DE LA MAISON DU ROI